1日10分、「玉手箱」完全突破！

Web《ウェブ》テスト最強問題集

カリスマ就活ゼミ講師
柳本新二

大和書房

Webテストの概要

「Webテスト」とは、パソコンを使って受ける採用試験の総称です。従来のペーパーテストに代わるものとして多くの企業で導入されており、特に新卒採用では、もはや“避けては通れない道”と言ってもいいでしょう。

Webテストにはさまざまな種類があり、それぞれ異なる特徴があります。したがって、自分の受けるテストの種類を見極め、それに適した対策を取る必要があるのです。

Webテストってどんなもの？

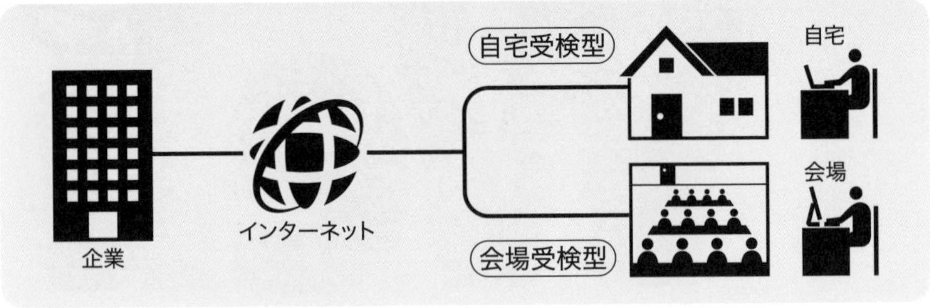

Webテストには、自宅などのパソコンで受ける「自宅受検型」と、指定された会場(テストセンター)に出向いて受ける「会場受検型」の２種類があります。

自宅受検型のWebテストとしては、玉手箱やWEB-CAB、WEBテスティングサービスなどが知られています。一方、会場受検型にはC-GABやテストセンター(SPI)などがあります。

自宅受検型は、企業側が設定している受検期間内であればいつでも受検ができ、受検会場へ行く必要もないため、受検者が自分の予定や都合に合わせて受検しやすいことがメリットです。ただし、企業側は受検時の本人確認などができないため、第三者が代わりに受検をするといった替え玉受検が起こる可能性もゼロではありません。

その点、会場受検型は、試験会場にて本人確認が実施できるので替え玉受検の問題は起こりにくく、受検者本人の能力を測るという点では自宅受検型よりも確実です。しかし、あらかじめ受検日時が指定されていて、会場へ行かなければならないため、受検者のスケジュールの自由度が自宅受検型よりも低くなってしまうことが難点といえます。

なお、自宅受検型と会場受検型の両方とも、受検用のホームページからログインしてテストを受けるという仕組みは同じですが、自宅受検型と会場受検型では出題内容や条件が変わってきます。

例えば、自宅受検型の玉手箱は電卓の使用が許されていますが、会場受検型のC-GABでは電卓は禁止です。こうした違いもしっかり把握しておきましょう。

Webテストはいつ受けるの?

Webテストを受けられる期間は企業によって定められており、期限の日時を過ぎたら受検することができません。ギリギリになって慌てないように、試験期間をしっかり確認しておき、余裕をもって準備・受検をすることが大切です。

なお、テストの出題内容は受検者によって異なるため、同じ企業のWebテストを先に受検した人がいたとしても、自分の受ける問題そのものについての情報をその人から得ることはできません。受検の際には自分専用のIDやパスワードが必須となります。これらは就職情報サイトから送られたり、企業から直接渡されるので、絶対に紛失しないよう注意しましょう。

●Webテスト受検の一般的な流れ

就職情報サイトや企業のホームページからエントリー

リクナビやマイナビ、日経就職ナビなどの就活情報サイトからエントリーするのが一般的だが、企業のホームページにある新卒募集ページからエントリーを受け付けるケースも多い。最初にWebテストを受検させる企業も多く、特に自宅受検型でWebテストを実施する企業の場合、エントリー直後に受検となる可能性が高い。その場合、Webテスト受検に必要なURL、ID、パスワードなどはエントリー後に渡される。

企業説明会への参加

エントリー後に企業説明会が実施される場合、この説明会の場でWebテスト受検に必要なURL、ID、パスワードなどが渡される（企業によってはWebテスト受検→説明会という順序でスケジュールを設定していることもある）。

Webテストを受検

あらかじめ決められた期間内に受検をする。合格ラインは企業によってさまざま。応募者の多い大企業などでは、人数を絞り込むためにWebテストで多くの応募者を不合格にするという場合もある。

一次～最終面接

Webテストで「合格」となった人には、通常3～4回の面接などが行われる。Webテストの結果が面接時の企業側の資料として用いられることもある。

Webテストの基本構成

●Webテストの基本構成

能力テスト	言語	日本語の長文を読んで設問に答える
	計数	計算問題と表・グラフの理解
	英語	設問も選択肢もすべて英語
性格テスト	性格（パーソナリティ）	質問に対してYES／NOなどを答える
	意欲（モチベーションリソース）	

※玉手箱の場合

Webテストは、基本的に「能力テスト」と「性格テスト」の2部構成になっており、いくつかの科目に分かれています。能力テストは、学校での教科に当てはめれば国語・数学・英語などに相当し、玉手箱では「言語」「計数」「英語」の3科目が出題されます。科目の呼び方はWebテストの種類によって異なりますが、能力テストと性格テストの2本立てという点ではどれも同じです。

受検科目は企業によって異なり、必ずしも全科目を受検するわけではありません。能力テストは一切行わず、性格テストのみ実施する企業もあります。

受検者によって出題される問題が異なる、というのもWebテストの特徴です。同じ種類のテストを2回以上受ける場合にも、前回と同じ問題が出るとは限らないわけです。

事前にWebテストの種類はわかる？

受検するWebテストの種類については、事前に企業側から受検者へ案内されることはありません。しかし、本番前に種類を特定することは可能です。そのためには、まずWebテストのサイトを開く必要があります。

企業からWebテストの通知が届いたら、与えられたIDとパスワードでログインしましょう。住所・氏名などを入力したら、次の画面に注目します。受検科目・実施時間・注意事項などを記した説明画面が表示されるでしょう。Webテストの種類によって、この説明画面の内容が異なるため、この画面から自分がこれから受検するテストの種類を見極めることができるのです。

●受検開始から終了までの流れ

ログイン画面

↓

使用許諾・個人情報入力

↓

実施説明

↓

テスト開始

↓

送信・完了

なお、この画面が表示されている間であれば、テストを開始せずに中断できることが多いです。つまり、この段階でWebテストの種類を特定しておき、そのWebテストの対策を講じたうえで本番に挑むというやり方も場合によっては可能です（あくまで従来のケースに基づきます。Webテストによっては、中断できない仕様へと変えてくる可能性もありますのでご注意ください）。

次から、自宅受検型の各Webテストについて、実施説明画面からの見極め方を解説します。

Webテストの種類と見極め方

玉手箱
（日本SHL社）

「計数」「パーソナリティ」がキーワード
「実施時間」の表記にも注目！

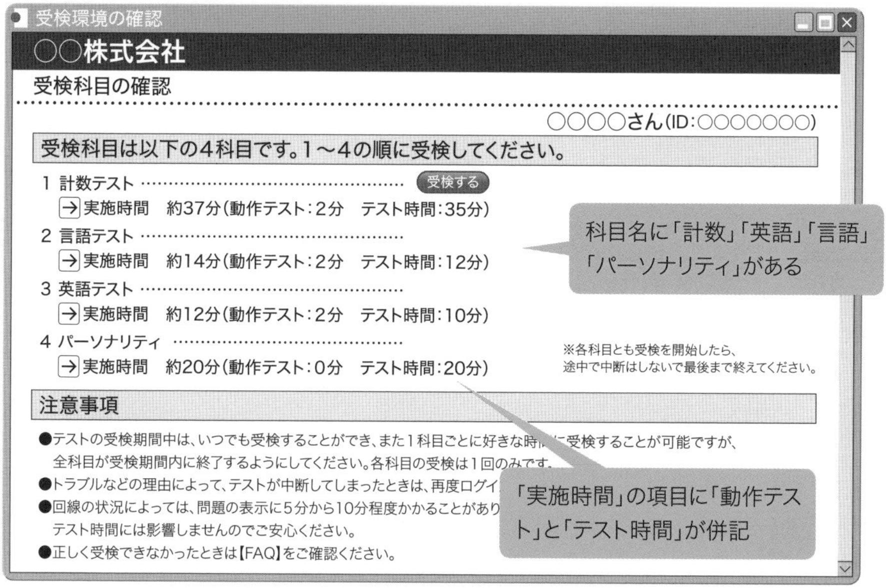

能力テストの「計数」、性格テストの「パーソナリティ」という表現があるのが玉手箱の特徴です。また「英語」と書かれている場合も、玉手箱である可能性が高いです。また、各科目のテスト時間も玉手箱を見分ける重要なヒントとなります（10ページ参照）。

過去に玉手箱を採用した企業には、アサヒビール、NTT東日本・西日本、京セラ、DeNA、中部電力、日産自動車、日本IBM、ネスレ日本、日立製作所、三井住友銀行などがあります。

Web-CAB（日本SHL社）

「法則性」「命令表」「暗号」など
IT関連ならではの科目名で判別が可能！

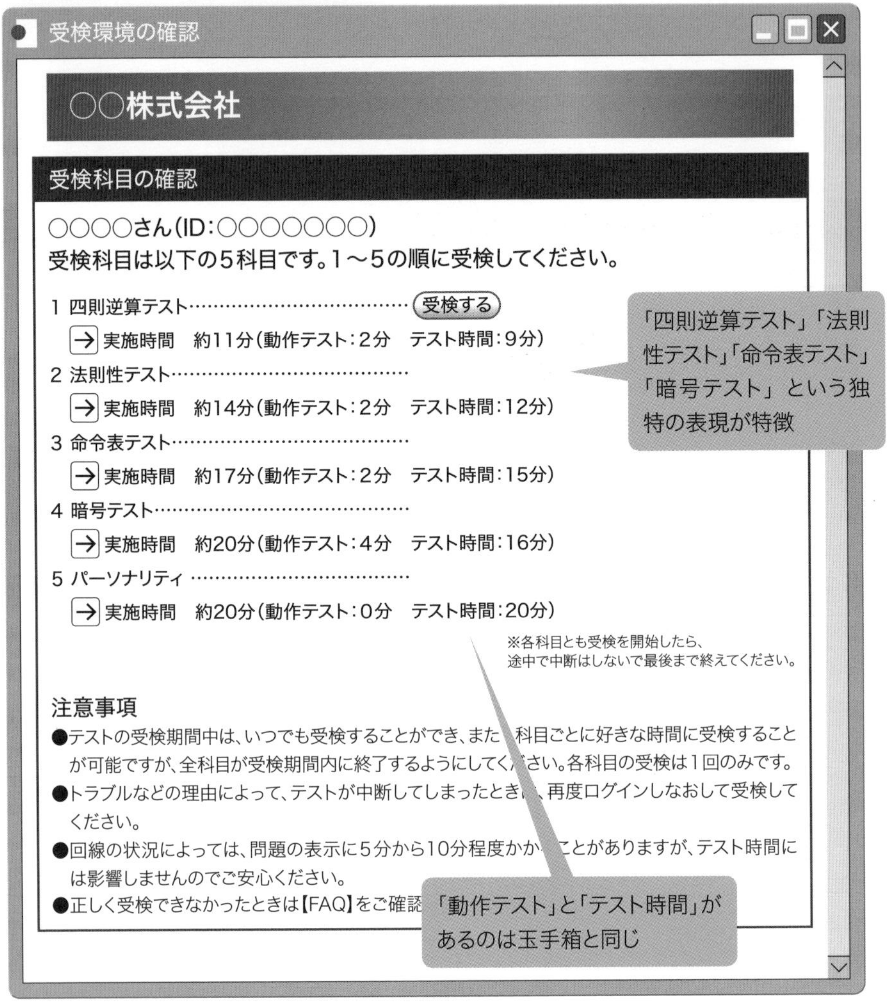

主にIT企業が採用しているWeb-CAB。コンピュータのシステムエンジニアやプログラマーの適性を診断するための試験「CAB」のウェブ版で、専門的な図形問題が出題されます。

過去にWeb-CABを採用した企業には、AGS、NEC情報システムズ、カプコン、日立公共システムエンジニアリング、富士通などがあります。

TG-WEB（ヒューマネージ社）

科目が書いていなければTG-WEB！
「表紙」「Part～」の表記がポイント

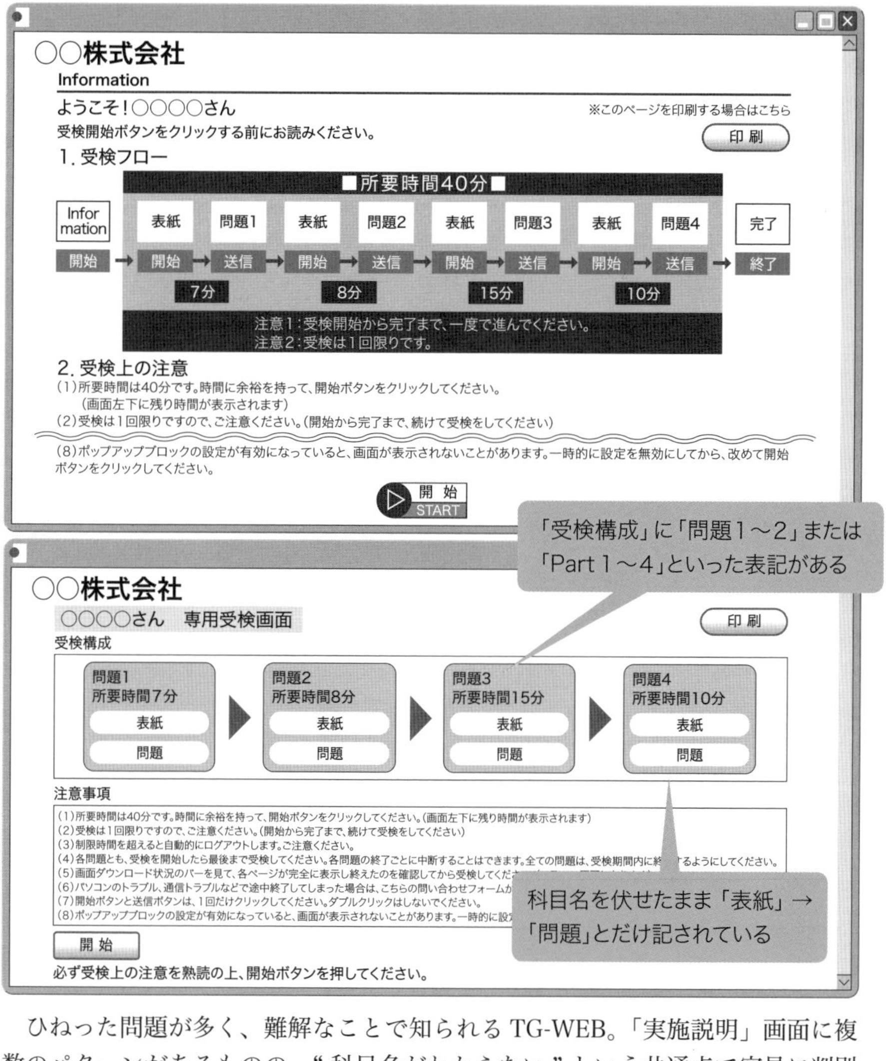

ひねった問題が多く、難解なことで知られるTG-WEB。「実施説明」画面に複数のパターンがあるものの、“科目名がわからない”という共通点で容易に判別できます。各問題の前に「表紙」がついているのもTG-WEBならではの特徴といえます。

過去にTG-WEBを実施した企業には、マイクロソフト、日本テレビ放送網、三菱東京UFJ銀行、キリンビール、近畿日本ツーリスト、ヤマザキナビスコなどがあります。

WEBテスティングサービス（リクルートマネージメントソリューションズ社）

「非言語」という科目名が目印！
「性格適性検査」の表記も特徴

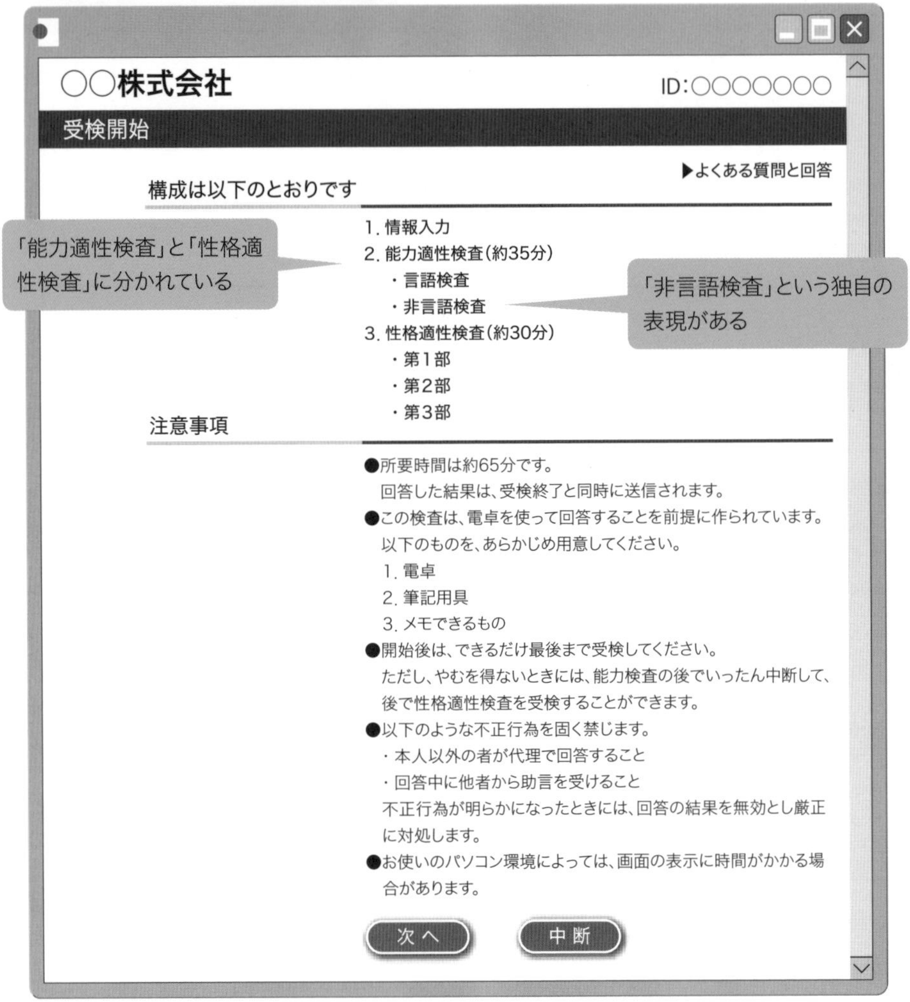

筆記試験の定番であるペーパーテスト「SPI」のウェブ版。会場受検型の「テストセンター」と自宅受検型の「WEBテスティングサービス」があります。「能力適性検査（約35分）」、「性格適性検査（約30分）」という表現があり、能力適性検査の内容が「言語検査」「非言語検査」となっているのが特徴です。

過去にWEBテスティングサービスを採用した企業には、NTTデータ、オリエンタルランド、オリンパス、サッポロビール、ソニー、帝人、東芝などがあります。

CUBIC（エージーピー社）

「Ⅰ」「Ⅱ」などローマ数字のついた能力テストが５科目ある！

○○株式会社　**WEB筆記試験**

受検ページTOP

■注意事項

本検査の受検は1回限りです。以下の注意事項を読んでから、開始してください。

1. この検査は期間内であれば24時間いつでも受けることができます。
2. 検査項目が複数ある場合、それぞれの検査項目を別々の日に回答することも可能です。
3. 各ページの回答は、ページ移動ボタンを押した時点で記録されます。
4. ブラウザの「戻る」ボタンは使用しないでください。
5. 検査項目ごとに制限時間が設定されています。
6. 「回答開始」ボタンを押した時点から、残り時間のカウントダウンが開始されます。
7. 回答中の残り時間がなくなると、自動的に回答完了となります。
   ※その場合、最後に表示していたページの回答の入力、または修正は反映されません。
8. 検査項目の途中で中断することはできません。
9. 誤ってブラウザを終了してしまった場合は、すぐにログインし直して検査を続行してください。
   ※ブラウザを閉じていても、検査時間

「言語」「数理」「図形」「論理」「英語」「個人特性分析」という表現

検査項目一覧

検査項目名	制限時間	状態	
個人特性分析（制限時間あり）	20分	未回答	回答する
言語Ⅱ	10分	未回答	回答する
数理Ⅰ	18分	未回答	回答する
図形Ⅰ	8分	未回答	回答する
論理Ⅰ	25分	未回答	回答する
英語Ⅱ	15分	未回答	回答する

科目（検査項目）名の末尾にⅠ・Ⅱ、Ａ・Ｂなどの番号が付いている

もともとペーパーテストで実績のあるCUBIC。数年前にWebテストでも実施されるようになり、採用する企業が増加している試験です。「言語」「英語」の他に「数理」「図形」「論理」という能力テストがあり、難易度・制限時間の違いによって、さらに細かく分かれています（「言語Ⅰ」「言語Ⅱ」など）。また、CUBICでは性格テストのことを「個人特性分析」と呼んでいるという特徴があります。

過去にCUBICを実施した企業には、クノール食品、三菱マテリアル、三菱自動車などがあります。

玉手箱の概要

日本SHL社が作成している「玉手箱」は多数の大手企業で実施されています。能力テストとして「計数」「言語」「英語」の３科目、性格テストには「パーソナリティ」「モチベーションリソース」の２科目が用意されており、どの科目が出題されるかは企業によって違います。

玉手箱の構成

科目	形式		問題数	制限時間
計数	四則逆算		50問	9分
	図表の読み取り		29問/40問	15分/35分
	表内空欄の推測		20問/35問	20分/35分
言語	GAB形式		32問/36問/52問	15分/25分
	IMAGES形式		32問	10分
	趣旨把握形式		10問	12分
英語	GAB形式		24問	10分
	IMAGES形式		24問	10分
性格	パーソナリティ（性格）	本格版	68問	約20分
		簡易版	30問	なし
	モチベーションリソース（意欲）	本格版	36問	約15分
		簡易版	36問/48問	なし

※この表は、もっとも標準的な例です。企業によって科目名、問題数、制限時間が異なる場合もあります。

※性格テストの簡易版は、Webテストの能力検査と同時には出題されません。

出題形式と特徴

玉手箱の難易度は比較的易しいとされています。その反面、マスコミや大手メーカーなど人気企業が多いため、競争率はかなり高いといえるでしょう。

玉手箱を受けるときは、例えば「今日は計数を受けて、明日は英語にしよう」というように、科目ごとの受検が可能です。ただし、1つの科目を途中でストップすることはできません。くれぐれも注意してください。

なお、計数テストでは電卓・計算用紙の使用が許可されています。電卓の使い方を練習しておくとよいでしょう。

1. 計数テスト

「四則逆算」「図表の読み取り」「表内空欄の推測」の中から、どれか1つが出題されます。Webテストのサイトで実施説明画面を見たときに、制限時間の違いから出題形式を見分けることが可能。9分→四則逆算、15分または35分→図表の読み取り、20分または35分→表内空欄の推測です。

2. 言語テスト

「GAB形式」「IMAGES形式」「趣旨把握形式」のうち、どれか1つが出題されます。計数問題と同じように、実施説明画面の制限時間から推測できます。15分または25分→GAB形式、10分→IMAGES形式、12分→趣旨把握形式です。

3. 英語テスト

英語問題のタイプは2つです。いずれも8つの長文が出題され、長文1つにつき設問3つで合計24問となり、制限時間は10分です。

4. 性格テスト

能力テスト終了後に行われる性格テストです。パーソナリティ（性格）とモチベーションリソース（意欲）の2種類ですが、パーソナリティのみを実施する企業もあります。

本書では、玉手箱形式の問題を受検した大学生の方々から情報を集め、出題内容を忠実に再現しています。実際に出題された問題の傾向と対策を押さえ、本番に向けて準備をしていきましょう。

目次

第1章

計数
四則逆算

出題形式

式の一部が空欄になった方程式が出題され、□に当てはまる数値を選択肢から速く正確に選ぶ形式のテスト。

- 50問出題される。
- 制限時間は9分。
- 計算用紙と電卓の使用が可能。

ポイント

◎計算の順序、符号のまとめかた、かっこのはずしかた、分数のおさらいをしておくこと。

◎実際に打ってみて、入力ミスが少なく、速く計算できる電卓を選び、使い慣れておくこと。

◎1問あたり約10秒で解かなければならないため、計算の複雑な問題にだけ電卓を使うこと。

◎易しい問題は暗算で解答できるよう、たくさんの問題を繰り返し解いて慣れておこう。

練習問題

➡ 答えは24ページ

□に入る数値を、以下の選択肢の中から選びなさい。

❶ 1/12÷1/10＝1－1/□

○ 5 ○ 6 ○ 7 ○ 8 ○ 9

❷ □÷12÷3＝5

○ 160 ○ 170 ○ 180 ○ 190 ○ 200

❸ 9＝(□－6)÷3

○ 32 ○ 33 ○ 34 ○ 35 ○ 36

❹ 7－22÷□＝5

○ 11 ○ 12 ○ 13 ○ 14 ○ 15

❺ 1/2＋1/5＝□

○ 1/10 ○ 3/10 ○ 7/10 ○ 3/11 ○ 5/11

❻ 64×41＝□

○ 2501 ○ 2560 ○ 2624 ○ 2665 ○ 2688

❼ 2.75＋□＝4

○ 0.15 ○ 0.25 ○ 1.15 ○ 1.25 ○ 2.25

❽ 0.015＋0.05＝□÷100

○ 5.25 ○ 5.5 ○ 6.25 ○ 6.5 ○ 7.25

❾ 3/5＝4.8÷□

○ 5 ○ 6 ○ 7 ○ 8 ○ 9

❿ 1/4＋1/5＝□＋15/100

○ 1/10 ○ 3/10 ○ 7/10 ○ 3/20 ○ 9/20

⓫ 11/7－7/11＝(11＋7)(11－7)÷□

○ 72 ○ 74 ○ 75 ○ 77 ○ 78

⓬ (□－7)(24－18)＝84

○ 15 ○ 17 ○ 19 ○ 21 ○ 23

⓭ 1÷4＋1/4＝1/8÷□

○ 1/2 ○ 1/4 ○ 1/6 ○ 1/8 ○ 1/10

⓮ 0.03÷0.1＝6÷□

○ 10 ○ 15 ○ 20 ○ 25 ○ 30

⓯ 0.36÷□＝6

○ 0.02 ○ 0.03 ○ 0.04 ○ 0.06 ○ 0.08

⑯ $9 \div \square - 9 = 27$

○ 1/2　○ 1/3　○ 1/4　○ 1/5　○ 1/6

⑰ $3 \div 5 = 1/5 \times \square \div 2$

○ 2　○ 4　○ 6　○ 8　○ 10

⑱ $17 - 9 = 31 - \square - 13$

○ 6　○ 10　○ 14　○ 18　○ 22

⑲ $3/4 \div 1/8 = \square \div 1/2$

○ 3　○ 4　○ 5　○ 6　○ 7

⑳ $1 \div \square = 8 \times 0.05$

○ 1.5　○ 2.5　○ 3.5　○ 4.5　○ 5.5

㉑ $0.85 - \square = 1/4$

○ 1/4　○ 3/4　○ 1/5　○ 3/5　○ 1/7

㉒ $1/2 + 1/4 + 1/5 = \square$

○ 7/10　○ 9/10　○ 13/20　○ 17/20　○ 19/20

㉓ $1/8 \div \square/15 \times 0.7 = 3/4 \div 4/7$

○ 1　○ 3　○ 7　○ 9　○ 11

㉔ 7 × □ = 18 + 31

○ 5　○ 7　○ 9　○ 11　○ 13

㉕ □ × 3 = 81 ÷ 6

○ 3　○ 3.5　○ 4　○ 4.5　○ 5

㉖ 84 × 31 = □

○ 2504　○ 2604　○ 2704　○ 2804　○ 2904

㉗ 17 ÷ □ = 1720 + 1680

○ 0.00005　○ 0.0005　○ 0.005　○ 0.05　○ 0.5

㉘ 4 / 7 = □ + 1 / 2

○ 1/14　○ 3/14　○ 5/14　○ 7/14　○ 8/14

㉙ 120の□% = 28.8

○ 21　○ 22　○ 23　○ 24　○ 25

㉚ 1 / 2 + 1 / 5 + 1 /10 = □%

○ 20　○ 40　○ 50　○ 80　○ 100

㉛ 63.8 ÷ □ = 1276

○ 0.03　○ 0.04　○ 0.05　○ 0.06　○ 0.07

㉜ $22 \times 8 = (\square \times 12 - \square) \times 2$

○ 2　○ 4　○ 6　○ 8　○ 10

㉝ $7 \times (-4) \times 1/5 + 8 \times 0.7 + 1/7 = 1/\square$

○ 4　○ 5　○ 6　○ 7　○ 8

㉞ $1/5 \div (0.75 - \square) = 1 \div 1/4$

○ 1/10　○ 3/10　○ 7/10　○ 3/20　○ 7/20

㉟ $5.8 + 3 + 4.2 = \square \div 2$

○ 22　○ 23　○ 24　○ 25　○ 26

㊱ $\square \div 9 = 13 \div 3$

○ 31　○ 33　○ 35　○ 37　○ 39

㊲ $4 \times \square \div 0.8 = 12 + 8$

○ 2　○ 4　○ 6　○ 8　○ 10

㊳ $3.2 + 8 + 2.31 = 14 - \square$

○ 0.45　○ 0.46　○ 0.47　○ 0.48　○ 0.49

㊴ $4/5 + \square = 0.9$

○ 1/10　○ 3/10　○ 5/10　○ 8/10　○ 9/10

㊵ $8 \times \square \div 3 = 1.6 \times 3 \div 1.5$

○ 1.1　○ 1.2　○ 1.3　○ 1.4　○ 1.5

㊶ $3 \times (\square - 2.5) = 9 \div 1/3$

○ 9.5　○ 10.5　○ 11.5　○ 12.5　○ 13.5

㊷ $75 \div 3/4 = 8 \times (\square + 1.5)$

○ 10　○ 11　○ 12　○ 13　○ 14

㊸ $5/8 + \square = 1 + 9/32$

○ 19/32　○ 21/32　○ 23/32　○ 25/32　○ 27/32

㊹ $8/5 - 10/8 = 1.75 \times \square$

○ 1/5　○ 1/6　○ 1/7　○ 1/8　○ 1/9

㊺ $(2 \times 4 - 5) \times (0.7 - 1/3) + 0.9 = \square$

○ 2　○ 3　○ 4　○ 5　○ 6

㊻ $\square \div 7 = 2 + 4$

○ 35　○ 42　○ 49　○ 56　○ 63

㊼ $5 \times 8 = 19 + 8 + \square$

○ 11　○ 13　○ 15　○ 17　○ 19

㊽ $0.4 \div 0.25 = \square$

○ 1.2　○ 1.3　○ 1.4　○ 1.5　○ 1.6

㊾ $5 + 7 + 9 = \square \div 3$

○ 57　○ 60　○ 63　○ 66　○ 69

㊿ $42 - \square = 21 \div 3$

○ 35　○ 36　○ 37　○ 38　○ 39

51 $\square \times 7 = 21 \times 3$

○ 7　○ 8　○ 9　○ 10　○ 11

52 $(\square + 7) \times 4 = 52$

○ 4　○ 5　○ 6　○ 7　○ 8

53 $\square \times 4 - 36 = 12$

○ 10　○ 12　○ 14　○ 16　○ 18

54 $36 \times 0.01 = \square \div 4$

○ 1.34　○ 1.44　○ 1.54　○ 1.64　○ 1.74

55 360の17％＝□

○ 58.2　○ 59.2　○ 60.2　○ 61.2　○ 62.2

練習問題　解答（17～23ページ）

❶ 解答：6

左辺を整理すると、

$$\frac{1}{12} \div \frac{1}{10} = \frac{1}{12} \times \frac{10}{1}$$

$$= \frac{10}{12} = \frac{5}{6}$$

となる。

$1 - \frac{1}{\square} = \frac{5}{6}$ なので、

$$1 - \frac{5}{6} = \frac{1}{\square}$$

$$\frac{6}{6} - \frac{5}{6} = \frac{1}{\square}$$

$$\frac{1}{6} = \frac{1}{\square}$$

$\square = 6$

❷ 解答：180

「÷12÷３」をひとつにまとめる。

$\square \div 12 \div 3 = 5$

$\square \div (12 \times 3) = 5$

$\square \div 36 = 5$

$\square = 5 \times 36$

$\square = 180$

❸ 解答：33

「÷３」を左辺へ移項すると計算しやすい。

$9 = (\square - 6) \div 3$

$9 \times 3 = \square - 6$

$27 = \square - 6$

$27 + 6 = \square$

$\square = 33$

❹ 解答：11

割り算は足し算よりも先に計算するので、「７－（22÷□）」と考える。

$7 - 22 \div \square = 5$

$7 - (22 \div \square) = 5$

$7 - 5 = 22 \div \square$

$2 = 22 \div \square$

$22 \div 2 = \square$

$\square = 11$

❺ 解答：$\frac{7}{10}$

通分により分母をそろえて計算する。

$$\frac{1}{2} + \frac{1}{5} = \square$$

$$\frac{5}{10} + \frac{2}{10} = \square$$

$$\square = \frac{7}{10}$$

❻ 解答：2624

$64 \times 41 = \square$

$\square = 2624$

❼ 解答：1.25

$2.75 + \square = 4$

$\square = 4 - 2.75$

$\square = 1.25$

❽ 解答：6.5

$0.015 + 0.05 = \square \div 100$

$0.065 = \square \div 100$

$0.065 \times 100 = \square$

$\square = 6.5$

❾ 解答：8

「$\frac{3}{5}$」は「3 ÷ 5」とする。

$$\frac{3}{5}=4.8\div\square$$

$$3\div5=4.8\div\square$$

$$0.6=4.8\div\square$$

$$6=48\div\square$$

$$48\div6=\square$$

$$\square=8$$

❿ 解答：$\frac{3}{10}$

左辺を通分して分母をそろえて計算する。

$$\frac{1}{4}+\frac{1}{5}=\square+\frac{15}{100}$$

$$\frac{5}{20}+\frac{4}{20}=\square+\frac{15}{100}$$

$$\frac{9}{20}=\square+\frac{15}{100}$$

右辺の「$\frac{15}{100}$」は約分すると「$\frac{3}{20}$」となる。

$$\frac{9}{20}=\square+\frac{3}{20}$$

$$\frac{9}{20}-\frac{3}{20}=\square$$

$$\square=\frac{6}{20}=\frac{3}{10}$$

⓫ 解答：77

左辺を通分して計算すると、

$$\frac{11}{7}-\frac{7}{11}=\frac{121}{77}-\frac{49}{77}=\frac{72}{77}$$

右辺の「(11＋7)(11－7)」は、

$18\times4=72$ となるので、右辺は $\frac{72}{\square}$

$\frac{72}{77}=\frac{72}{\square}$ より、$\square=77$

⓬ 解答：21

「(□－ 7)(24－18)」は「(□－ 7)×(24－18)」を表している。

$$(\square-7)(24-18)=84$$

$$(\square-7)\times(24-18)=84$$

$$(\square-7)\times6=84$$

$$\square-7=84\div6$$

$$\square-7=14$$

$$\square=14+7$$

$$\square=21$$

⓭ 解答：$\frac{1}{4}$

「1 ÷ 4」を計算すると「$\frac{1}{4}$」となる。

$$1\div4+\frac{1}{4}=\frac{1}{8}\div\square$$

$$\frac{1}{4}+\frac{1}{4}=\frac{1}{8}\div\square$$

$$\frac{2}{4}=\frac{1}{8}\div\square$$

$$\frac{1}{2}=\frac{1}{8}\div\square$$

$$\frac{1}{8}\div\frac{1}{2}=\square$$

$$\frac{1}{8}\times2=\square$$

$$\square=\frac{1}{4}$$

⑭ 解答：20

「$0.03 \div 0.1$」と「$3 \div 10$」は同じ答えとなることを利用する。

$0.03 \div 0.1 = 6 \div \square$

$3 \div 10 = 6 \div \square$

$\frac{3}{10} = 6 \div \square$

$6 \div \frac{3}{10} = \square$

$\square = 20$

⑮ 解答：0.06

$0.36 \div \square = 6$

$\square = 0.36 \div 6$

$\square = 0.06$

⑯ 解答：$\frac{1}{4}$

$9 \div \square - 9 = 27$

$9 \div \square = 27 + 9$

$9 \div \square = 36$

$\square = 9 \div 36$

$\square = \frac{9}{36}$

$\square = \frac{1}{4}$

⑰ 解答：6

「$\frac{1}{5} \times \square \div 2$」は「$\frac{1}{5} \div 2 \times \square$」と並び替えることができる。

$3 \div 5 = \frac{1}{5} \times \square \div 2$

$\frac{3}{5} = \frac{1}{5} \div 2 \times \square$

$\frac{3}{5} = \frac{1}{10} \times \square$

$\frac{3}{5} \div \frac{1}{10} = \square$

$\frac{3}{5} \times 10 = \square$

$\frac{3 \times 10}{5} = \square$

$3 \times 2 = \square$

$\square = 6$

⑱ 解答：10

$17 - 9 = 31 - \square - 13$

$8 = 18 - \square$

$\square = 18 - 8$

$\square = 10$

⑲ 解答：3

$\frac{3}{4} \div \frac{1}{8} = \square \div \frac{1}{2}$

$\frac{3}{4} \times 8 = \square \div \frac{1}{2}$

$6 = \square \div \frac{1}{2}$

$6 \times \frac{1}{2} = \square$

$\square = 3$

⑳ 解答：2.5

$1 \div \square = 8 \times 0.05$

$1 \div \square = 0.4$

$\square = 1 \div 0.4$

$\square = 10 \div 4$

$\square = 2.5$

㉑ 解答：$\frac{3}{5}$

左辺の「0.85」を分数に変換すると「$\frac{85}{100} = \frac{17}{20}$」となる。

いっぽう、左辺にそろえるために右辺の「$\frac{1}{4}$」を通分すると「$\frac{5}{20}$」となる。

$0.85-\square=\frac{1}{4}$

$\frac{17}{20}-\square=\frac{5}{20}$

$\frac{17}{20}-\frac{5}{20}=\square$

$\frac{12}{20}=\square$

$\square=\frac{3}{5}$

㉒ 解答：$\frac{19}{20}$

通分して分母をそろえる。

$\frac{1}{2}+\frac{1}{4}+\frac{1}{5}=\square$

$\frac{10}{20}+\frac{5}{20}+\frac{4}{20}=\square$

$\square=\frac{19}{20}$

㉓ 解答：1

左辺の0.7を$\frac{7}{10}$に変換する。

$\frac{1}{8}\div\frac{\square}{15}\times\frac{7}{10}=\frac{3}{4}\div\frac{4}{7}$

$\frac{1}{8}\div\frac{\square}{15}\times\frac{7}{10}=\frac{3}{4}\times\frac{7}{4}$

$\frac{1}{8}\div\frac{\square}{15}\times\frac{7}{10}=\frac{21}{16}$

$\frac{1}{8}\times\frac{15}{\square}\times\frac{7}{10}=\frac{21}{16}$

左辺を整理すると、

$\frac{1\times3\times7}{8\times\square\times2}=\frac{21}{16\times\square}$となる。

$\frac{21}{16\times\square}=\frac{21}{16}$なので、$\square=1$

㉔ 解答：7

$7\times\square=18+31$

$7\times\square=49$

$\square=49\div7$

$\square=7$

㉕ 解答：4.5

$\square\times3=81\div6$

$\square\times3=13.5$

$\square=13.5\div3$

$\square=4.5$

㉖ 解答：2604

$84\times31=\square$

$\square=2604$

㉗ 解答：0.005

$17\div\square=1720+1680$

$17\div\square=3400$

$\square=17\div3400$

$\square=0.005$

㉘ 解答：$\frac{1}{14}$

通分して分母をそろえる。

$\frac{4}{7}=\square+\frac{1}{2}$

$\square=\frac{4}{7}-\frac{1}{2}$

$\square=\frac{8}{14}-\frac{7}{14}$

$\square=\frac{1}{14}$

㉙ 解答：24

120の□％＝28.8

28.8÷120＝0.24

0.24をパーセントで表すと24％となる。

□＝24

㉚ 解答：80

通分して分母をそろえる。

$\frac{1}{2}+\frac{1}{5}+\frac{1}{10}=\square\%$

$\frac{5}{10}+\frac{2}{10}+\frac{1}{10}=\square\%$

$\frac{8}{10}=\square\%$

0.8＝□％

□＝80

㉛ 解答：0.05

63.8÷□＝1276

□＝63.8÷1276

□＝0.05

㉜ 解答：8

「□×12－□」は「□×（12－1）」に整理することができる。

22×8＝（□×12－□）×2

22×8÷2＝□×12－□

11×8＝□×（12－1）

88＝□×11

88÷11＝□

□＝8

㉝ 解答：7

左辺の0.7を$\frac{7}{10}$に変換する。

左辺の「$7\times(-4)\times\frac{1}{5}$」を計算すると$-\frac{28}{5}$となり、「$8\times\frac{7}{10}$」を計算すると$\frac{28}{5}$となる。そのため、「$7\times(-4)\times\frac{1}{5}+8\times\frac{7}{10}$」は0である。

そうすると、$\frac{1}{7}=\frac{1}{\square}$なので、

□＝7

㉞ 解答：$\frac{7}{10}$

$\frac{1}{5}\div(0.75-\square)=1\div\frac{1}{4}$

$\frac{1}{5}\div(0.75-\square)=1\times4$

$0.75-\square=\frac{1}{5}\div4$

「0.75」は「$\frac{75}{100}=\frac{3}{4}$」である。

$\frac{3}{4}-\square=\frac{1}{20}$

$\frac{3}{4}-\frac{1}{20}=\square$

$\frac{15}{20}-\frac{1}{20}=\square$

$\frac{14}{20}=\square$

$\square=\frac{7}{10}$

㉟ 解答：26

5.8＋3＋4.2＝□÷2

13＝□÷2

13×2＝□

□＝26

㊱ 解答：39

$\square \div 9 = 13 \div 3$

$\square \div 9 = \frac{13}{3}$

$\square = \frac{13}{3} \times 9$

$\square = 13 \times 3$

$\square = 39$

㊲ 解答：4

「$4 \times \square \div 0.8$」は「$4 \times \square \div \frac{8}{10} = 4 \div \frac{8}{10} \times \square = 4 \times \frac{10}{8} \times \square$」と整理できる。

$4 \times \square \div 0.8 = 12 + 8$

$4 \times \frac{10}{8} \times \square = 20$

$5 \times \square = 20$

$\square = 20 \div 5$

$\square = 4$

㊳ 解答：0.49

$3.2 + 8 + 2.31 = 14 - \square$

$13.51 = 14 - \square$

$\square = 14 - 13.51$

$\square = 0.49$

㊴ 解答：$\frac{1}{10}$

右辺の「0.9」を分数で表すと「$\frac{9}{10}$」、左辺の「$\frac{4}{5}$」は通分すると「$\frac{8}{10}$」となる。

$\frac{4}{5} + \square = 0.9$

$\frac{4}{5} + \square = \frac{9}{10}$

$\square = \frac{9}{10} - \frac{4}{5}$

$\square = \frac{9}{10} - \frac{8}{10}$

$\square = \frac{1}{10}$

㊵ 解答：1.2

$8 \times \square \div 3 = 1.6 \times 3 \div 1.5$

$8 \times \square \div 3 = 3.2$

$8 \times \square = 3.2 \times 3$

$8 \times \square = 9.6$

$\square = 9.6 \div 8$

$\square = 1.2$

㊶ 解答：11.5

$3 \times (\square - 2.5) = 9 \div \frac{1}{3}$

$3 \times (\square - 2.5) = 9 \times 3$

$3 \times (\square - 2.5) = 27$

$\square - 2.5 = 27 \div 3$

$\square - 2.5 = 9$

$\square = 9 + 2.5$

$\square = 11.5$

㊷ 解答：11

$75 \div \frac{3}{4} = 8 \times (\square + 1.5)$

$75 \times \frac{4}{3} = 8 \times (\square + 1.5)$

$100 = 8 \times (\square + 1.5)$

$100 \div 8 = \square + 1.5$

$12.5 = \square + 1.5$

$12.5 - 1.5 = \square$

$\square = 11$

㊸ 解答：$\frac{21}{32}$

$\frac{5}{8}+\square=1+\frac{9}{32}$

$\frac{5}{8}+\square=\frac{32}{32}+\frac{9}{32}$

$\frac{5}{8}+\square=\frac{41}{32}$

$\square=\frac{41}{32}-\frac{5}{8}$

通分して分母をそろえる。

$\square=\frac{41}{32}-\frac{20}{32}$

$\square=\frac{21}{32}$

㊹ 解答：$\frac{1}{5}$

左辺を通分して分母をそろえる。

$\frac{8}{5}-\frac{10}{8}=1.75\times\square$

$\frac{64}{40}-\frac{50}{40}=1.75\times\square$

$\frac{14}{40}=1.75\times\square$

$\frac{14}{40}\div1.75=\square$

「1.75」を分数で表すと「$\frac{175}{100}=\frac{7}{4}$」

となる。

$\frac{14}{40}\div\frac{7}{4}=\square$

$\frac{14}{40}\times\frac{4}{7}=\square$

$\square=\frac{1}{5}$

㊺ 解答：2

左辺の0.7を$\frac{7}{10}$、0.9を$\frac{9}{10}$に変換する。

「$2\times4-5$」を計算すると

「$8-5=3$」となる。

「$\frac{7}{10}-\frac{1}{3}$」は通分すると$\frac{21}{30}-\frac{10}{30}$

$=\frac{11}{30}$となる。そのため、

「$(2\times4-5)\times\left(\frac{7}{10}-\frac{1}{3}\right)$」は

$3\times\frac{11}{30}=\frac{11}{10}$である。

そうすると左辺は、$\frac{11}{10}+\frac{9}{10}=\frac{20}{10}$

$\square=2$

㊻ 解答：42

左辺の「$\div 7$」は、右辺へ移項すると「$\times 7$」となる。

$\square\div7=2+4$

$\square=6\times7$

$\square=42$

㊼ 解答：13

移項すると、移項前が＋だった数は－、－だった数は＋となる。

$5\times8=19+8+\square$

$40=27+\square$

$\square=40-27$

$\square=13$

㊽ 解答：1.6

0.4と0.25をそれぞれ100倍すると計算しやすくなる。

$0.4\div0.25=\square$

（0.4×100）÷（0.25×100）＝□
40÷25＝□
□＝1.6

㊾ 解答：63

右辺の「÷３」は、左辺へ移項すると「×３」となる。

５＋７＋９＝□÷３
21＝□÷３
21×３＝□
□＝63

㊿ 解答：35

左辺の「－□」を右辺へ移項すると「＋□」となる。

42－□＝21÷３
42－□＝７
42＝７＋□
42－７＝□
□＝35

(51) 解答：9

左辺の「×７」は、右辺へ移項すると「÷７」となる。

□×７＝21×３
□×７＝63
□＝63÷７
□＝９

(52) 解答：6

左辺の「×４」は、右辺へ移項すると「÷４」となる。

（□＋７）×４＝52
□＋７＝52÷４
□＋７＝13
□＝13－７
□＝６

(53) 解答：12

□×４－36＝12
□×４＝12＋36
□×４＝48
□＝48÷４
□＝12

(54) 解答：1.44

36×0.01＝□÷４
0.36＝□÷４
0.36×４＝□
□＝1.44

(55) 解答：61.2

１％が0.01なので、17％は0.17である。

360の17％＝□
360×0.17＝□
□＝61.2

第2章

計数
図表の読み取り

出題形式

与えられた表や棒グラフなどの資料の意味を理解し、設問文の答えを選択肢のなかから1つ選ぶ形式のテスト。

- ●29問出題される。
- ●制限時間は15分。
- ●40問、制限時間35分のタイプが実施されることもある。
- ●計算用紙と電卓の使用が可能。

ポイント

◎増減率など数値を比べる計算方法に慣れておくこと。

◎設問文を読みながら、必要な数値に印をつけて電卓で計算する。

◎計算のやり直しは時間のロスになるので、計算式を立てるのに必要な数値を間違えないこと。

◎およその数値をたずねる問題が多いので、数値を簡略化して計算すると速く答えられる。

練習問題

➡ 答えは66ページ

❶ 表を見て次の問いに答えなさい。

【パソコン総出荷金額の推移(周辺機器を含む)】

単位：億円

年度	総出荷金額		
		国内出荷金額	輸出金額
1987	7,381	5,263	2,118
1988	8,677	6,490	2,187
1989	10,771	7,881	2,891
1990	12,627	9,248	3,379
1991	11,729	8,975	2,754
1992	10,569	7,848	2,721
1993	13,673	10,356	3,317
1994	16,443	12,651	3,792
1995	22,238	18,115	4,122
1996	28,314	21,781	6,533

1994年度において、総出荷金額に対して占める輸出金額の割合はおよそ何%か。最も近いものを以下の選択肢の中から１つ選びなさい。

- 21.8%
- 22.5%
- 23.1%
- 24.4%
- 25.6%

❷ 表を見て次の問いに答えなさい。

【日本の技術交流（技術貿易）の推移】

年度	技術輸出		技術輸入		支払額／受領額（倍）
	受領額（億円）	対前年度比（%）	支払額（億円）	対前年度比（%）	
1983	2,409	30.3	2,793	−1.2	1.16
1984	2,775	15.2	2,814	0.8	1.01
1985	2,342	−15.6	2,992	4.2	1.25
1986		−4.3	2,606	−11.1	1.16
1987	2,156	−3.8	2,832	8.7	1.31
1988	2,463	14.2	3,122	10.2	1.27
1989					
1990	3,394	3.0	3,719	12.7	1.10
1991	3,706	9.2	3,947	6.1	1.07
1992	3,777	1.9	4,139	4.9	1.10
1993	4,004	6.0	3,360	−12.3	0.91

1986年度の技術輸出による受領額はおよそ何億円か。最も近いものを以下の選択肢の中から1つ選びなさい。

- 2,200億円
- 2,220億円
- 2,240億円
- 2,260億円
- 2,280億円

❸ グラフを見て次の問いに答えなさい。

【海外から帰国した子供たち】

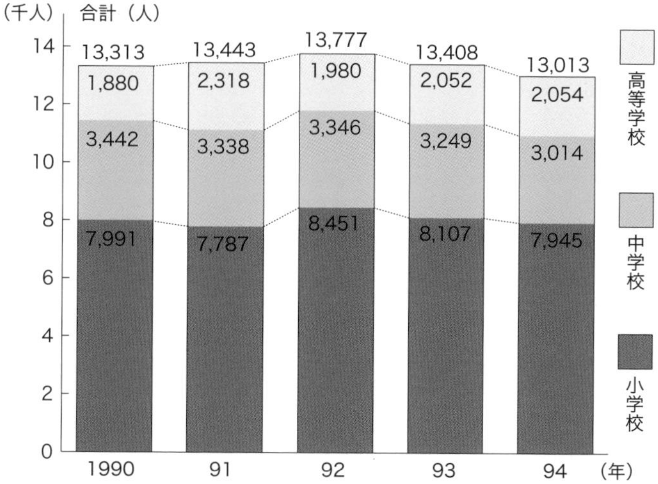

注)上記には終戦前からの外地居住者の数も含む。　資料:文部省「学校基本調査」

中学校の帰国子女数は1992年から1993年にかけておよそどのように変化したか。最も近いものを以下の選択肢の中から1つ選びなさい。

- 2.9%減少
- 3.0%減少
- 3.1%減少
- 3.3%減少
- 3.6%減少

❹ 表を見て次の問いに答えなさい。

【民間テレビ放送番組種類別放送時間の推移】

年	テレビ放送社数(社)	1社1日平均放送時間(分)	番組構成比(%)						1社1ヵ月平均スポット広告本数(本)
			報道	教育教養	娯楽	スポーツ	広告	その他	
1960	39	599	11.6	26.1	38.6	18.9	0.7	4.1	528
1965	46	873	10.9	35.9	45.3	5.3	1.0	1.6	4,061
1970	77	998	10.6	36.7	47.3	4.3	0.5	0.6	4,422
1975	88	1,009	11.7	36.8	46.2	4.4	0.4	0.5	5,824
1980	93	1,042	13.5	36.9	44.4	4.1	0.5	0.6	6,746
1984	102	1,090	15.1	35.8	42.8	5.0	0.5	0.8	7,239

1984年1社1ヵ月平均スポット広告の放送時間が1447.8分であるとき、スポット広告1本当たりの放送時間は何秒になるか。正しいものを以下の選択肢の中から1つ選びなさい。

- 9秒
- 10秒
- 11秒
- 12秒
- 上のいずれでもない

❺ 表を見て次の問いに答えなさい。

【わが国の原料ゴムの需給】

（単位：千ｔ）

年	1980	1990	1997	1998	1999
供給高 ・・・・・・・・・・・・	1601	2165	2429	2291	2449
天然ゴム（輸入） ・・・・	457	663	731	678	756
合成ゴム・・・・・・・・・・	1144	1502	1698	1613	1693
生産 ・・・・・・・・・・・	1094	1426	1592	1520	1577
輸入 ・・・・・・・・・・・	49	76	107	93	117
消費高 ・・・・・・・・・・・・	1312	1810	1876	1823	1867
天然ゴム ・・・・・・・・	427	677	713	707	734
合成ゴム ・・・・・・・・	885	1133	1163	1116	1133
輸出（合成ゴム） ・・・・・	230	299	483	479	547

資料：日本ゴム工業会調べ。
消費高はゴム工業およびゴム工業以外（電線・ケーブル・繊維など）の使用量である。
ラテックスは乾燥換算して含む。

1980年から1999年にかけて、天然ゴムの消費高はおよそ何倍に増加したか。最も近いものを以下の選択肢の中から１つ選びなさい。

- 1.48倍
- 1.65倍
- 1.72倍
- 1.84倍
- 2.03倍

❻ 表を見て次の問いに答えなさい。

【短大・大学の学校数・教員数・学生数】

年次	短期大学				大学			
	学校数	教員数 本務	学生数（千人）	女子学生の割合(%)	学校数	教員数 本務	学生数（千人）	女子学生の割合(%)
1970	479	15320	263	82.9	382	76275	1407	18.0
1975	513	15557	354	86.2	420	89648	1734	21.2
1980	517	16372	371	88.9	446	102989	1835	22.1
1985	543	17760	371	89.8	460	112249	1849	23.5
1990	593	20489	479	91.4	507	123838	2133	27.4
1995	596	20701	499	91.0	565	137466	2547	32.0
1998	588	19040	417	90.1	604	144310	2668	34.9
1999	585	18206	378	89.9	622	147577	2701	35.5
2000	572	16752	328	89.6	649	150645	2740	36.2

資料：文部省大臣官房調査統計企画課「文部統計要覧」

1970年の大学の女子学生数は、2000年の同学生数のおよそ何%か。最も近いものを以下の選択肢の中から１つ選びなさい。

- 10.5%
- 15.5%
- 20.5%
- 25.5%
- 30.5%

❼ グラフを見て次の問いに答えなさい。

【電気通信事業者の地域別本社所在地数比の比較】

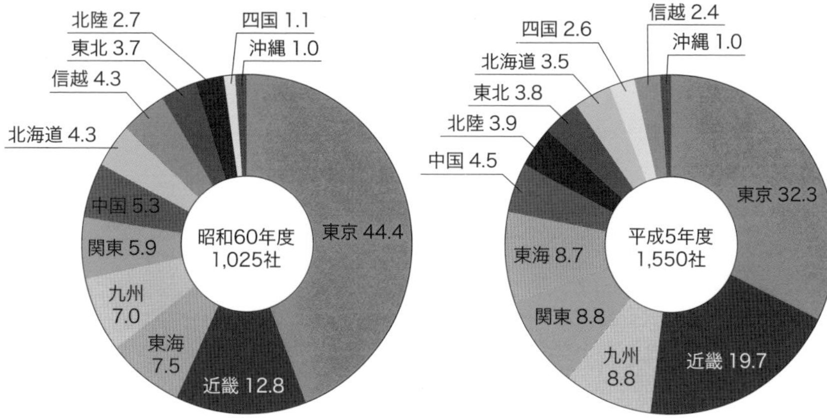

資料：郵政省資料　　　　(単位：%)

四国に本社がある事業者の、昭和60年度と平成5年度の数の比はおよそいくらになるか。最も近いものを以下の選択肢の中から1つ選びなさい。

- 1：2
- 1：3
- 1：4
- 2：3
- 2：5

❽ 表を見て次の問いに答えなさい。

【ある年の主要国の自動車使用台数】

国名	乗用車(万台)	商業車(万台)	100人当たりの台数(台)	1km²当たりの台数(台)
日本	384	621	3.8	27.2
合衆国	8,006	1,552	40.2	10.2
イギリス	1,043	177	18.9	50.0
ドイツ	1,076	89	18.6	47.0
ロシア	100	372	0.4	0.2
フランス	1,150	268	23.1	25.9
イタリア	731	73	14.0	26.7
カナダ	577	151	28.2	0.7

フランスの国土面積はおよそ何万km²か。最も近いものを以下の選択肢の中から1つ選びなさい。

- 38万km²
- 46万km²
- 55万km²
- 62万km²
- 表からはわからない

❾ グラフを見て次の問いに答えなさい。

【海外から帰国した子供たち】

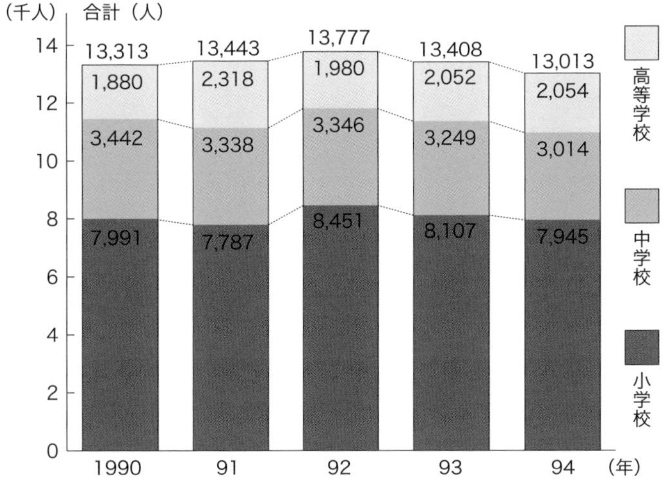

注）上記には終戦前からの外地居住者の数も含む。　資料：文部省「学校基本調査」

1991 年において、高等学校の帰国子女が帰国子女全体に占める割合と中学校の帰国子女が帰国子女全体に占める割合の比は、およそいくつか。最も近いものを以下の選択肢の中から１つ選びなさい。

- 1：3
- 2：5
- 4：7
- 5：8
- 7：10

❿ グラフを見て次の問いに答えなさい。

【一般外食費の構成比(全世帯)】

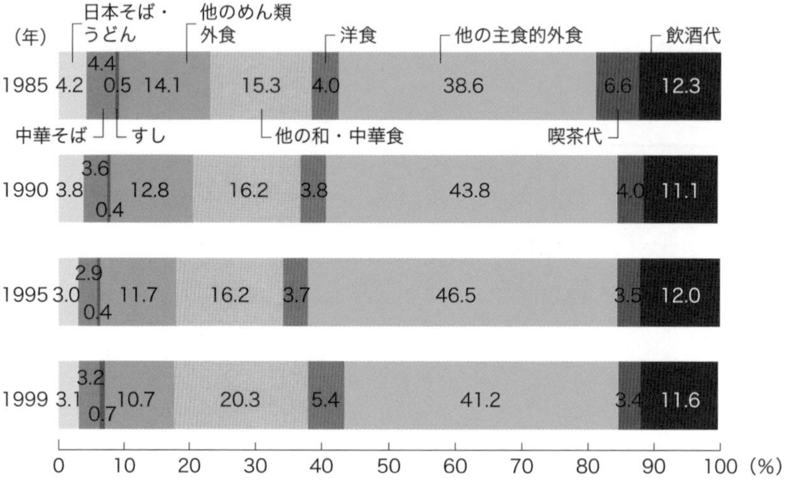

出典：総務庁統計局統計調査部消費統計課「家計調査年報」

1999年において、一般外食費全体に占める構成比が1985年と比べて最も減少したのはどれか。正しいものを以下の選択肢の中から1つ選びなさい。

- 日本そば・うどん
- 中華そば
- 他のめん類外食
- 喫茶代
- 飲酒代

⓫ グラフを見て次の問いに答えなさい。

【百貨店、総合スーパーの商品別年間販売額の構成比】

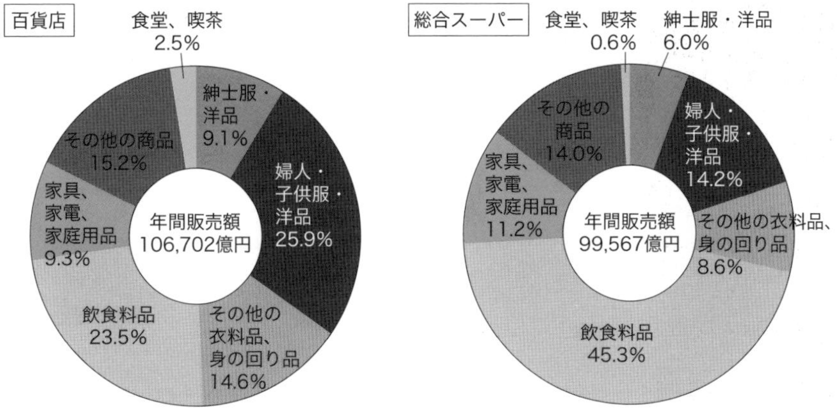

出典：通商産業大臣官房調査統計部商業統計課「平成9年商業統計表」

総合スーパーの「その他の衣料品、身の回り品」の年間販売額がグラフの前年と比べて10.2%減少したとすると、前年の同販売額はおよそ何億円か。最も近いものを以下の選択肢の中から１つ選びなさい。

- 9,340億円
- 9,440億円
- 9,540億円
- 9,640億円
- 9,740億円

⓬ 表を見て次の問いに答えなさい。

【主要国の国民所得】

国名	年度	国民総生産（億ドル）	経済活動別国内所得構成比（%）		
			第一次産業	第二次産業	第三次産業
日本	1967	1,217	11.4	36.5	52.1
	1977	6,940	4.7	35.4	59.9
米国	1967	7,963	3.2	35.9	60.9
	1977	18,872	2.9	33.1	64.0
イギリス	1967	1,112	3.0	41.8	55.2
	1977	2,468	2.5	39.1	58.4
旧西ドイツ	1967	1,238	4.1	50.9	45.0
	1977	5,141	2.8	47.4	49.9
フランス	1967	1,157	7.0	44.9	48.0
	1977	3,821	4.9	39.6	55.5

次のうち、表から明らかに正しいと判断できるものを、以下の選択肢の中から1つ選びなさい。

- 第一次産業はすべての国で衰退の途にある。
- 国民総生産の伸び率が最も高いのは旧西ドイツであるが、金額は米国が最も高い。
- 第三次産業の成長は、世界中で見られるサービス業の充実と深い関わりがある。
- 1977年度の日本の第三次産業による国内所得は、10年前の米国の第三次産業による国内所得に劣る。
- 米国は国民総生産の伸び率でも金額でも日本に勝っている。

⓭ グラフを見て次の問いに答えなさい。

【わが国の森林の成長量と伐採量】

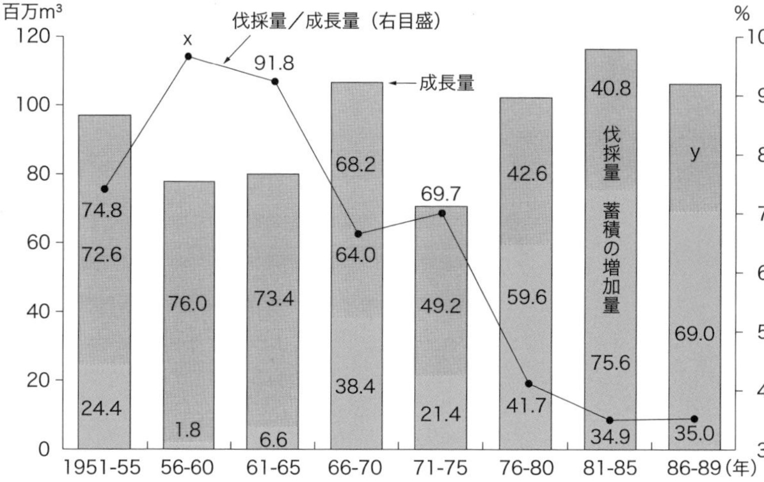

注）成長量＝伐採量＋蓄積の増加量

yはおよそいくらか。最も近いものを以下の選択肢の中から１つ選びなさい。

- 30.0
- 35.2
- 37.2
- 40.5
- 45.3

⓮ グラフを見て次の問いに答えなさい。

【工場数、製造品出荷額等の産業中分類別構成比（従業者数４人以上工場）】

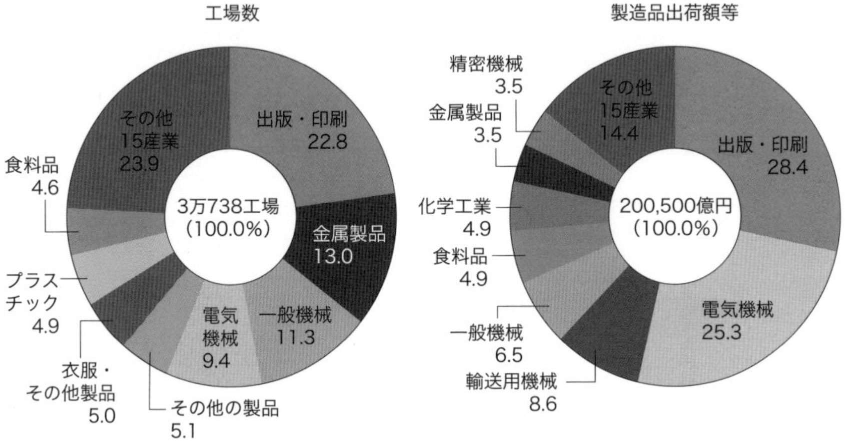

資料：総務局統計部「工業統計調査速報」平成9年

電気機械の工場数は食料品のおよそ何倍か。最も近いものを以下の選択肢の中から１つ選びなさい。

- 2.04倍
- 2.71倍
- 2.94倍
- 3.34倍
- 3.57倍

⓯ グラフを見て次の問いに答えなさい。

【都市型CATVの推移】

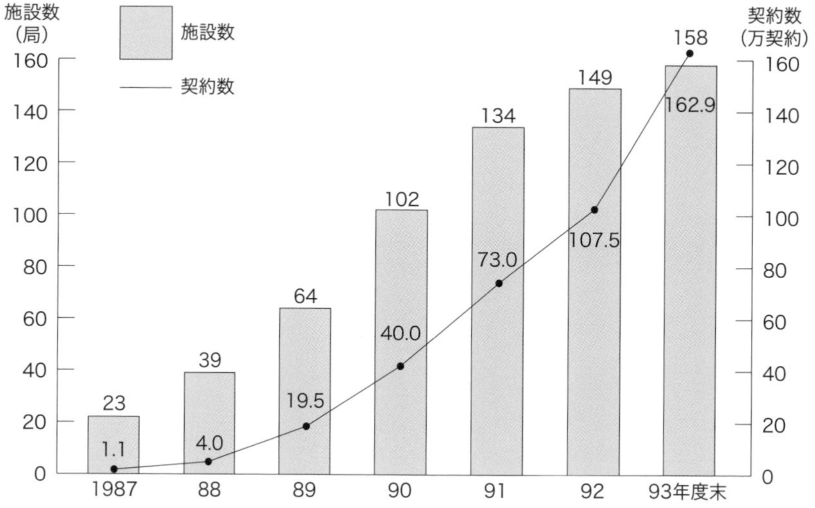

注）「通信白書」（1994年度版）による

1987年から1993年度末にかけて都市型CATVの施設数はおよそ何倍に増加したか。最も近いものを以下の選択肢の中から1つ選びなさい。

- 5倍
- 6倍
- 7倍
- 8倍
- 9倍

⑯ グラフを見て次の問いに答えない。

【魚介類（飼肥料を除く）の自給率等の推移】

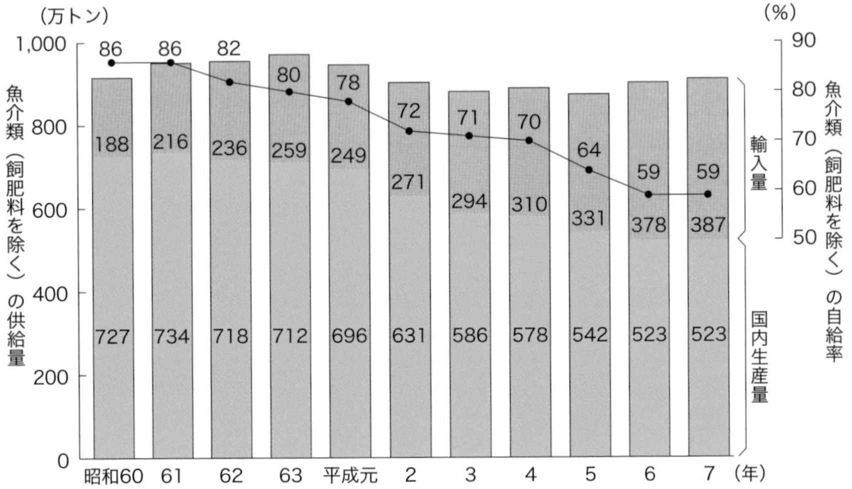

資料：農林水産省「食料需給表」から作成

昭和60年の魚介類の自給率を100とおくと、平成7年はおよそどのように表されるか。最も近いものを以下の選択肢の中から1つ選びなさい。

- 63.4
- 68.6
- 77.4
- 75.3
- 78.9

⑰ グラフを見て次の問いに答えなさい。

【電気通信事業者の地域別本社所在地数比の比較】

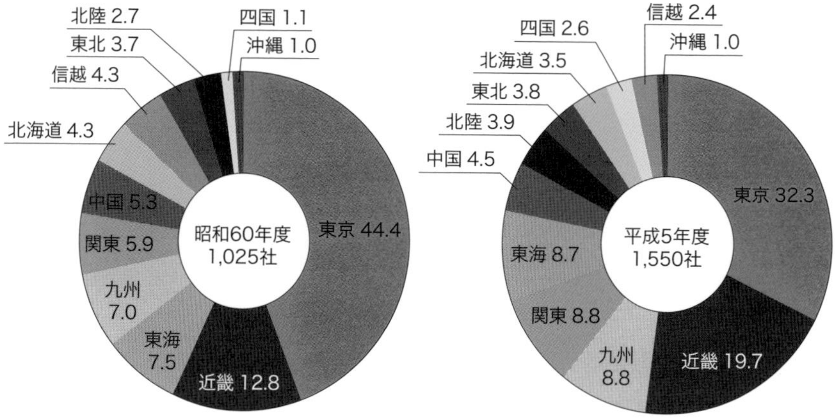

資料：郵政省資料

（単位：%）

平成５年度において、北海道に本社がある事業者数をXとすると、東京に本社がある事業者数はどう表せるか。以下の選択肢の中から１つ選びなさい。

- 32.3X／3.5
- 3.5X／32.3
- 32.3／3.5X
- 3.5／32.3X
- 32.3＋3.5X

⑱ グラフをを見て次の問いに答えなさい。

【東京の農家数の推移】

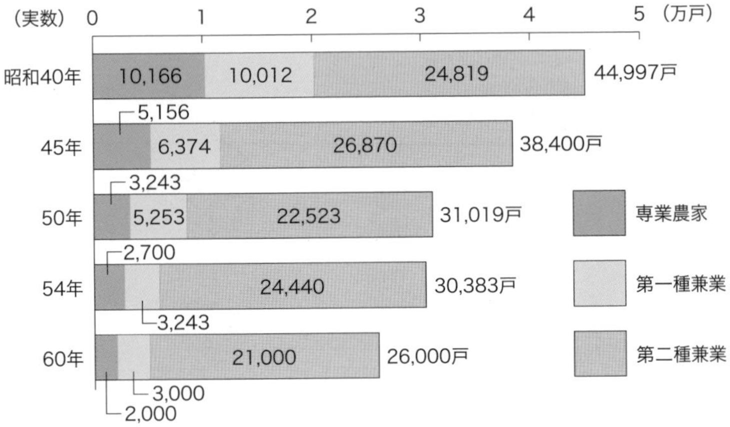

昭和40年から50年の間に、東京の農家数全体に占める第二種兼業農家の割合はどのように変化したか。以下の選択肢の中から1つ選びなさい。

- ◯ 増加
- ◯ 横ばい
- ◯ わずかに減少
- ◯ 急激に減少
- ◯ グラフからはわからない

⓳ グラフを見て次の問いに答えなさい。

【ロシアの貿易相手国の推移】

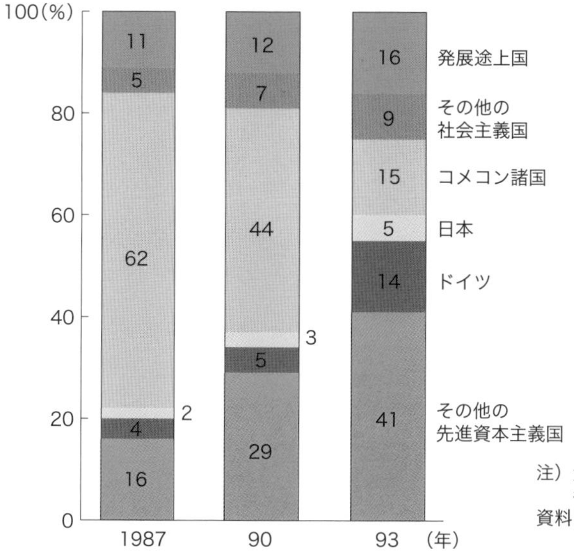

注) 貿易相手国の割合(%)は、
各貿易額より求めたものである。
資料:「ソ連国民経済年鑑」
国家統計委員会

1990年ロシアの貿易額全体をXとおくと、対発展途上国の貿易額はどのように表されるか。正しいものを以下の選択肢の中から1つ選びなさい。

- 12／X
- 3X／25
- 25／3X
- 3／25X
- 25X／3

⑳ グラフを見て次の問いに答えなさい。

【大型貨物自動車に対する道路交通法違反取締り状況】

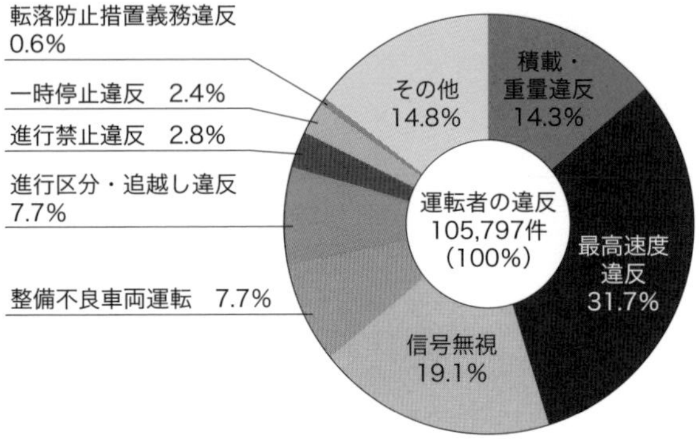

次の記述のうち、グラフから明らかに正しいといえるものはどれか。以下の選択肢の中から1つ選びなさい。

- 信号無視件数は、一時停止違反件数のおよそ7.3倍である。
- 毎年最も多い違反は、最高速度違反である。
- 運転者の違反が対前年比で＋7.2%のとき、前年の運転者の違反はおよそ98,421件である。
- 全大型貨物自動車中、整備不良車両はおよそ7.7%である。
- 違反上位3件とそれ以外の比は、およそ13：7である。

㉑ グラフを見て次の問いに答えなさい。

【半導体生産実績】

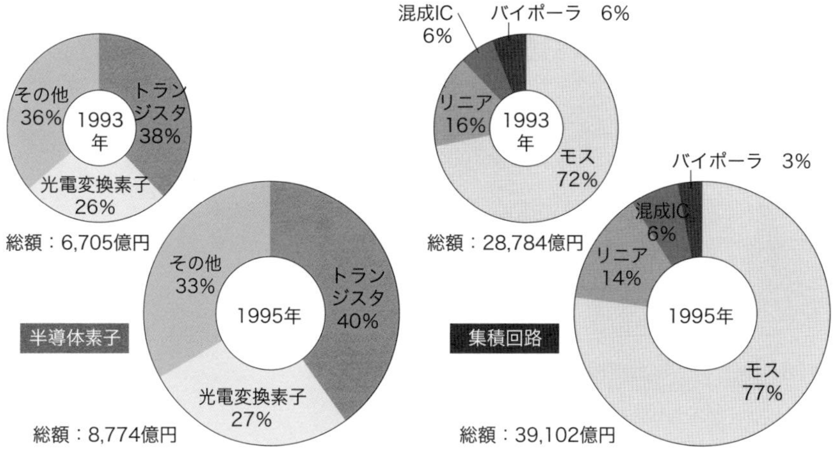

資料：通産省生産動態統計　大蔵省貿易統計

1993年の半導体素子、集積回路の合計生産額の対前年比増加率が35%であるとすると、前年（1992年）の半導体素子、集積回路の合計生産額はおよそいくらか。最も近いものを以下の選択肢の中から1つ選びなさい。

- 26,288億円
- 34,247億円
- 34,288億円
- 36,731億円
- 36,776億円

㉒ グラフを見て次の問いに答えなさい。

【地方公営企業の事業数の状況】

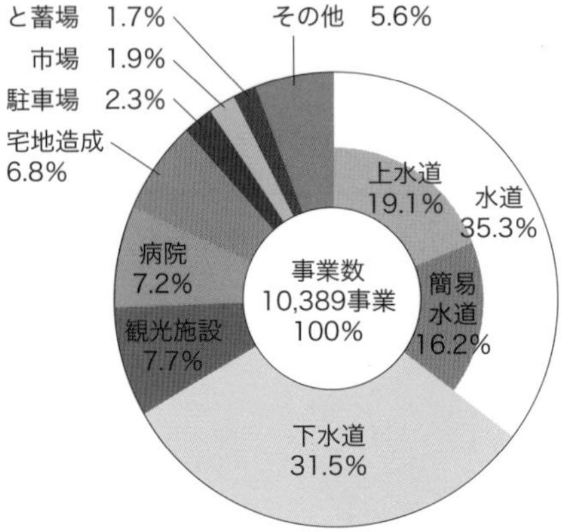

水道事業に占める簡易水道事業数の割合はおよそ何%か。最も近いものを以下の選択肢の中から1つ選びなさい。

- 42.6%
- 43.2%
- 44.5%
- 45.3%
- 45.9%

㉓ グラフを見て次の問いに答えなさい。

【ロシアの貿易相手国の推移】

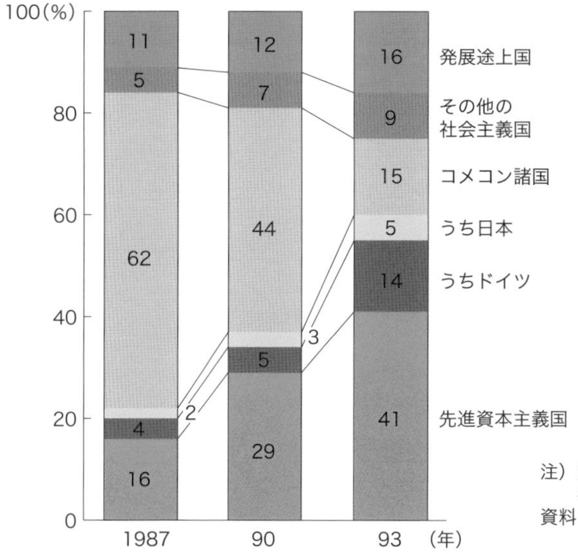

注）貿易相手国の割合(%)は、
各貿易額より求めたものである。
資料：「ソ連国民経済年鑑」
国家統計委員会

1987年ロシアの対ドイツ貿易額をxとすると、1993年同貿易額はどのように表されるか。

- 3x
- 3.5x
- 4x
- 4.5x
- グラフからはわからない

㉔ 表を見て次の問いに答えなさい。

【体重表(A中学校1年男子)】

体重(kg)	度数(人)	累積度数(人)
35以上～40未満	1	1
40以上～45未満	2	3
45以上～50未満	9	12
50以上～55未満	8	20
55以上～60未満	3	23
60以上～65未満	2	25

体重50kg以上の生徒は全体の何%か。以下の選択肢の中から1つ選びなさい。

- 20%
- 42%
- 52%
- 75%
- 80%

㉕ グラフを見て次の問いに答えなさい。

【4～5年前と比較した食品別小売価格の変化】

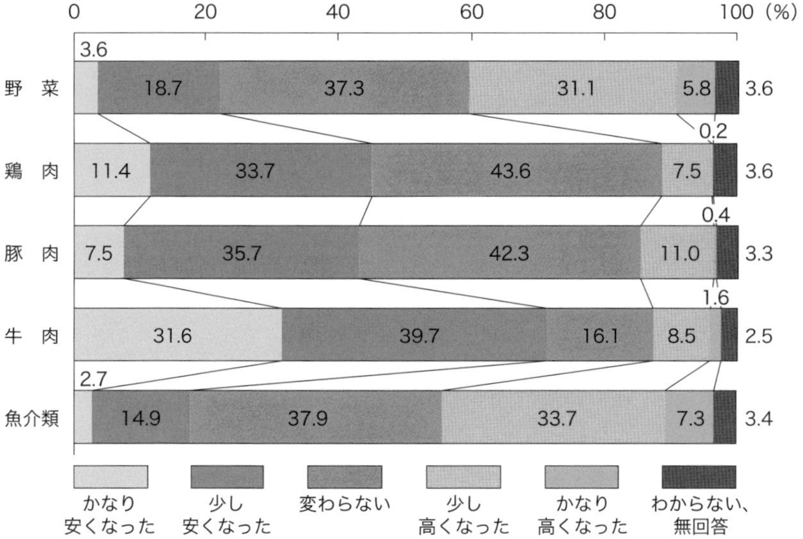

資料：農林水産省「平成7年度食料品消費モニター第2回定期調査結果」

4～5年前と比較して鶏肉が「少し安くなった」と感じる割合をXとおくと、豚肉のそれはおよそどのように表されるか。最も近い物を以下の選択肢の中から1つ選びなさい。

- 1.02X
- 1.06X
- 1.13X
- 1.22X
- 1.23X

㉖ 表を見て次の問いに答えなさい。

【世界の資金需要】

（単位：10億ドル）

	1992	1993	1994	1994・1月	1995・4月
OECD地域	546.2	714.0	853.3	249.2	311.1
発展途上国	36.8	68.9	85.8	24.4	21.1
中・東欧諸国	1.5	6.4	3.8	0.6	1.1
その他	25.2	29.3	24.7	9.5	6.3
合計	609.7	818.6	967.6	283.7	340.2

資料：OECD［Financial Market Trends］

1992年の発展途上国の資金需要は翌年およそ何%増加したか。最も近いものを以下の選択肢の中から1つ選びなさい。

- 46.2%
- 53.4%
- 66.9%
- 78.1%
- 87.2%

㉗ グラフを見て次の問いに答えなさい。

【従業者規模別構成比（従業者数４人以上の工場）】

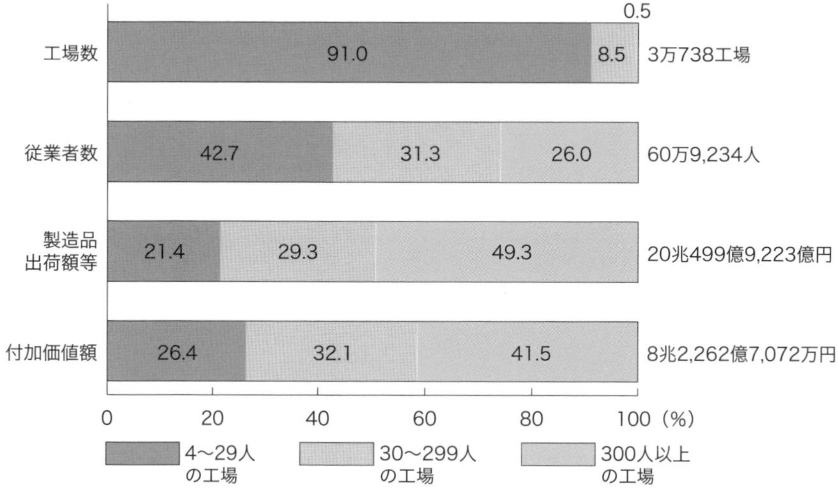

4〜29人の工場の付加価値額はおよそいくらか。最も近いものを以下の選択肢の中から１つ選びなさい。

- 2兆0,821億円
- 2兆1,717億円
- 2兆4,521億円
- 2兆7,231億円
- 2兆9,225億円

㉘ 表を見て次の問いに答えなさい。

【電子計算機・同附属装置製造業の事業所数、従業者数、製造品出荷額】

年	事業所数(件)	従業者数(人)	製造品出荷額(百万円)
1986	1,852	145,024	5,149,880
1987	1,813	152,990	6,007,903
1988	1,921	154,258	6,596,755
1989	1,955	160,723	7,632,118
1990	2,030	166,637	8,354,873
1991	2,041	164,852	8,760,751
1992	1,901	162,658	8,301,355
1993	1,776	160,238	8,296,638
1994	1,600	150,464	8,222,902
1995	1,569	146,665	8,358,646

資料：通産省『工業統計表』産業編

1994年における1事業所当たりの平均従業者数は、1988年における1事業所当たりの平均従業者数と比べておよそ何人増加したか。最も近いものを以下の選択肢の中から1つ選びなさい。

- 13.7人
- 14.5人
- 15.9人
- 16.4人
- 17.1人

㉙ 表を見て次の問いに答えなさい。

【流通産業の国際比較】

	日本 1994年	アメリカ 1992年	イギリス 1990年	フランス 1990年	旧西ドイツ 1990年
小売店数 （千店）	1,500	1,526	348	462	439
人口1万人当たり小売店数 （店）	120	60	61	81	69
卸売店数 （千店）	429	415	143	132	190
人口1万人当たり卸売店数 （店）	34	16	25	23	30
卸売店1店当たり小売店数 （店）	8.5	9.7	2.4	3.5	2.3
商業国内所得／国内所得 （%）	12.8	14.4	14.1	10.4	8.3

資料：『21世紀に向けた流通ビジョン』

1990年において、イギリスの人口は旧西ドイツの人口のおよそ何倍か。最も近いものを以下の選択肢の中から１つ選びなさい。

- 0.6倍
- 0.7倍
- 0.8倍
- 0.9倍
- 1.1倍

㉚ グラフを見て次の問いに答えなさい。

【甲乙丙町間のバスの運行】

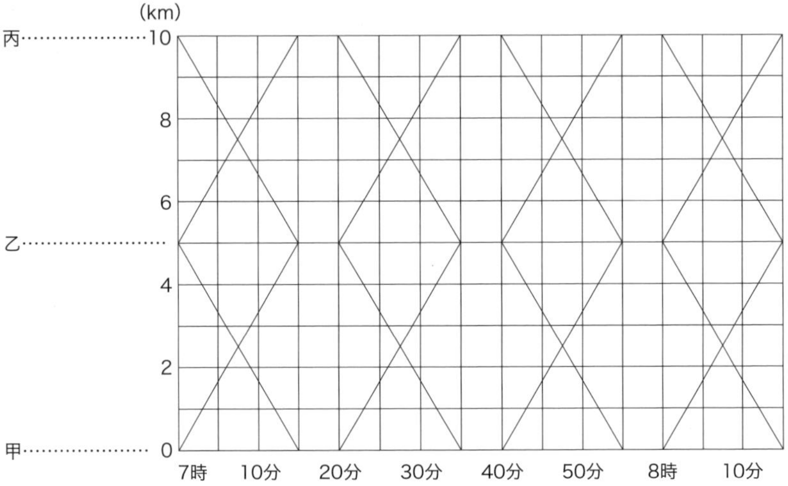

7時台に甲町からは何台バスが出るか。以下の選択肢の中から1つ選びなさい。

- 3台
- 4台
- 5台
- 6台
- 上のいずれでもない

㉛ 表を見て次の問いに答えなさい。

【漁業部門別漁獲高】

年次	総数(捕鯨業を除く)	海面漁業				海面養殖業	内水面漁業	内水面養殖業	捕鯨業
		総数	遠洋漁業 1)	沖合漁業 2)	沿岸漁業 3)				
	漁獲量(1000t)								(頭)
2000年	1,2171	10,877	2,111	6,498	2,268	1,088	110	96	3,087
2005年	11,052	9,570	1,496	6,081	1,992	1,273	112	97	91
2007年	9,266	7,772	1,270	4,534	1,968	1,306	97	91	164
2008年	8,707	7,256	1,139	4,256	1,861	1,274	91	86	175
	生産額(億円)								
2000年	28,906	21,919	6,828	7,583	7,508	5,225	608	1,154	115
2005年	27,220	19,506	4,422	7,037	8,047	6,094	650	971	5
2007年	26,063	18,272	4,501	6,107	7,663	6,126	685	980	6
2008年	24,881	17,163	4,142	5,657	7,364	6,069	634	1,015	7

海面漁業漁獲量のうち、沿岸漁業漁獲量が占める割合は、2000年から2008年にかけておよそどのように変化しているか。最も近いものを以下の選択肢の中から1つ選びなさい。

- ◯ 10ポイント上昇
- ◯ 5ポイント上昇
- ◯ 2ポイント上昇
- ◯ 3ポイント降下
- ◯ 8ポイント降下

練習問題　解答（35～65ページ）

❶　解答：23.1％

「総出荷金額に対して占める輸出金額の割合」は、「輸出金額÷総出荷金額」で求めることができる。
1994年の輸出金額は3,792億円、総出荷金額は16,443億円なので、
3,792÷16,443＝0.2306……
これをパーセントに直すと、
0.2306……×100＝23.06……≒23.1％
よって、23.1％が正解。

❷　解答：2,240億円

1986年度の空欄になっている受領額をxとする。
xは前年度(1985年度)の2,342億円の－4.3％である。つまり、xと前年度の2,342億円の差額を、前年度の2,342億円で割った値が－4.3％となる。
これを式で表すと、

$$\frac{x-2{,}342}{2{,}342}\times 100=-4.3$$

$$\frac{x-2{,}342}{2{,}342}=-4.3\div 100$$

$$x-2{,}342=-4.3\div 100\times 2{,}342$$

$$x-2{,}342=-100.706$$

$$x=2{,}342-100.706$$

$$x=2{,}241.294$$

よって、いちばん値の近い2,240億円が正解。

❸　解答：2.9％減少

1993年と1992年の帰国子女数の差を、1992年の帰国子女数3,346人で割ればよい。

$$\frac{3{,}249-3{,}346}{3{,}346}\times 100=\frac{-97}{3{,}346}\times 100\fallingdotseq -2.89898\cdots\cdots\%$$

よって、いちばん値の近い2.9％減少が正解。

❹ 解答：12秒

1984年の1社1ヵ月平均スポット広告の放送時間は1,447.8分で、その本数が7,239本なので、放送時間から本数を割れば、1本当たりの放送時間がわかる。ただし、このときスポット広告1本当たりの放送時間は何秒かと問われているので、1,447.8分を秒に換算する必要がある。
1,447.8分を秒に変えると、1分は60秒なので、1,447.8×60(秒)となる。
$1{,}447.8 \times 60 \div 7{,}239 = 12$秒
よって、12秒が正解。

❺ 解答：1.72倍

1980年の天然ゴム消費高は427千ｔ、1999年の天然ゴム消費高は734千ｔ。
1980年の消費高を基準にするので、「1999年の消費高÷1980年の消費高」で計算する。
$734 \div 427 = 1.718\cdots\cdots \fallingdotseq 1.72$倍
よって、1.72倍が正解。

❻ 解答：25.5％

1970年の大学生の数は1,407千人、そのうち女子学生の割合は18％なので、
$1{,}407 \times 0.18 = 253.26$千人
2000年の大学生の数は2,740千人、そのうち女子学生の割合は36.2％なので、
$2{,}740 \times 0.362 = 991.88$千人
求める割合は、
$253.26 \div 991.88 \times 100 = 25.53\cdots\cdots \fallingdotseq 25.5\%$
よって、25.5％が正解。

❼ 解答：1：4

昭和60年度の四国に本社がある事業者数は、1,025社×1.1％＝1,025×0.011＝11.275社
平成5年度の同事業者数は、1,550社×2.6％＝1,550×0.026＝40.3社
昭和60年度に対する平成5年度の割合を求めるので、
「昭和60年度の事業者数÷平成5年度の事業者数」を計算する。
$11.275 \div 40.3 = 0.279\cdots\cdots$

選択肢の比率のなかで、正解の可能性があるのは1：3か1：4のどちらかである。そこで、0.279がどちらに近いかを判断するため、差を計算してみる。

1：3⇒$\frac{1}{3}$≒0.333なので、その差は0.333－0.279＝0.054

1：4⇒$\frac{1}{4}$＝0.25なので、その差は0.279－0.25＝0.029

よって、いちばん値の近い1：4が正解。

❽ 解答：55万km²

国土面積を求めるためには、乗用車と商業車の合計台数を1km²当たりの台数で割ればよい。
フランスの乗用車台数は1,150万台、商業車台数は268万台、1km²当たりの台数は25.9台なので、国土面積は、
(1,150＋268)÷25.9＝54.74……
よって、いちばん値の近い55万km²が正解。

❾ 解答：7：10

1991年の高等学校の帰国子女の割合は、「高等学校の帰国子女÷帰国子女全体」で算出できるので、
2,318÷13,443＝0.17243……≒17.24%
一方、1991年の中学校の帰国子女の割合は、「中学校の帰国子女÷帰国子女全体」で算出できるので、
3,338÷13,443＝0.24830……≒24.83%
「中学校の帰国子女の割合」を「高等学校の帰国子女の割合」で割ると、
24.83÷17.24＝1.440……
各選択肢の比を割ってみると、
1：3⇒ 3÷1＝3
2：5⇒ 5÷2＝2.5
4：7⇒ 7÷4＝1.75
5：8⇒ 8÷5＝1.6
7：10⇒10÷7＝1.428……
よって、いちばん値の近い7：10が正解。

⑩ 解答：喫茶代

1999年での構成比が1985年よりも減少しているのは、日本そば・うどん、中華そば、他のめん類外食、喫茶代、飲酒代である。
これらについて、1985年に対する1999年の比率を割り出すと次のとおりになる。

	日本そば・うどん	中華そば	他のめん類外食	喫茶代	飲酒代
1999年	3.1	3.2	10.7	3.4	11.6
1985年	4.2	4.4	14.1	6.6	12.3
	⬇	⬇	⬇	⬇	⬇
	0.738……	0.727……	0.758……	0.515……	0.943……

比率の最も小さいものが、構成比が最も減少したことになるので、喫茶代が正解。

⑪ 解答：9,540億円

年間販売額99,567億円のうち、その他の衣料品、身の回り品は8.6％なので、この販売額は、
$99,567 \times 0.086 = 8,562.762 \fallingdotseq 8,562$億円
これが前年よりも10.2％減少したとし、前年の販売額をxとすると、次の式が成り立つ。

$$\frac{8,562 - x}{x} \times 100 = -10.2$$

$(8,562 - x) \times 100 = -10.2x$
$856,200 - 100x = -10.2x$
$856,200 = 100x - 10.2x$
$856,200 = 89.8x$
$x = 9,534.5211\cdots\cdots$
よって、いちばん金額の近い9,540億円が正解。

⑫ 解答：1977年度の日本の第三次産業による国内所得は、10年前の米国の第三次産業による国内所得に劣る。

各選択肢の内容を検討する。

●第一次産業はすべての国で衰退の途にある。
第一次産業の国内所得構成比については、表よりすべての国で減少していること

がわかる。しかし、第一次産業による国内所得を算出してみると、次のとおり、むしろ増加しているため、衰退しているとはいえない。よって、誤り。

旧西ドイツ

	国民総生産	第一次産業の構成比	第一次産業による国内所得
1967年度	1,238億ドル	4.1%	⇒ 1,238億ドル×4.1%＝50.758億ドル
1977年度	5,141億ドル	2.8%	⇒ 5,141億ドル×2.8%＝143.948億ドル

⇒1977年度の第一次産業による国内所得は、1967年度の約2.84倍

日本

	国民総生産	第一次産業の構成比	第一次産業による国内所得
1967年度	1,217億ドル	11.4%	⇒ 1,217億ドル×11.4%＝138.738億ドル
1977年度	6,940億ドル	4.7%	⇒ 6,940億ドル×4.7%＝326.18億ドル

⇒1977年度の第一次産業による国内所得は、1967年度の約2.35倍

米国

	国民総生産	第一次産業の構成比	第一次産業による国内所得
1967年度	7,963億ドル	3.2%	⇒ 7,963億ドル×3.2%＝254.816億ドル
1977年度	18,872億ドル	2.9%	⇒ 18,872億ドル×2.9%＝547.288億ドル

⇒1977年度の第一次産業による国内所得は、1967年度の約2.15倍

●国民総生産の伸び率が最も高いのは旧西ドイツであるが、金額は米国が最も高い。

1967年度から1977年度にかけての国民総生産の伸び率については、
「1977年度の国民総生産÷1967年度の国民総生産」で算出できる。
その場合、次のとおり、伸び率が最も高いのは日本である。よって、誤り。

日本	6,940÷1,217＝5.70……
米国	18,872÷7,963＝2.36……
イギリス	2,488÷1,112＝2.23……
旧西ドイツ	5,141÷1,238＝4.15……
フランス	3,821÷1,157＝3.30……

●第三次産業の成長は、世界中で見られるサービス業の充実と深い関わりがある。

サービス業に関する情報は表からは読み取ることができない。そのため、第三次産業の国内所得構成比や第三次産業による国内所得の増加がサービス業の充実と深い関わりがあるかは判断できない。

●1977年度の日本の第三次産業による国内所得は、10年前の米国の第三次産業による国内所得に劣る。
日本の1977年度の第三次産業による国内所得は、国民総生産6,940億ドルのうち59.9%。
米国の1967年度の第三次産業による国内所得は、国民総生産7,963億ドルのうち60.9%。
よって、国民総生産も国内所得構成比も米国のほうが多いため、正しいと判断することができる。
なお、実際にそれぞれを算出すると次のとおりになる。
1977年度の日本の第三次産業による国内所得：6,940億ドル×59.9%＝4157.06億ドル
1967年度の米国の第三次産業による国内所得：7,963億ドル×60.9%＝4849.467億ドル

●米国は国民総生産の伸び率でも金額でも日本に勝っている。
すでに述べたとおり、国民総生産の伸び率が最も高いのは日本である。よって、誤り。

以上より、正しいと判断できるものは、「1977年度の日本の第三次産業による国内所得は、10年前の米国の第三次産業による国内所得に劣る。」である。

⓭ 解答：37.2

求められているのは、1986－89年の伐採量yである。そして、グラフからは、蓄積の増加量69.0と、伐採量／成長量＝35.0であることがわかっている。
成長量＝伐採量＋蓄積の増加量なので、1986－89年を伐採量／成長量の式に当てはめると次のとおりになる。

$$\frac{y}{y+69} \times 100 = 35$$

$100y = 35 \times (y + 69)$

$100y = 35y + 2415$

$65y = 2415$

$y = 37.15\cdots\cdots \fallingdotseq 37.2$

よって、37.2が正解。

⑭ 解答：2.04倍

電気機械の工場数は全体の9.4%、食料品の工場数は全体の4.6%。
9.4÷4.6＝2.043……
よって、いちばん値の近い2.04倍が正解。

なお、この問題では、解答を求めるのに製造品出荷額等のグラフを考慮する必要はない。

⑮ 解答：7倍

問われているのは、1987年度から1993年度までの都市型CATVの施設数が何倍に増えたか、ということなので、1993年度の施設数を1987年度の施設数で割ればよい。
1993年度の施設数は158、1987年度の施設数は23。
158÷23＝6.86……
以上より、選択肢のなかで最も近い数字である7倍が正解。

なお、この問題では、解答を求めるのに契約数の内容を考慮する必要はない。

⑯ 解答：68.6

自給率は折れ線グラフを見ればよい。昭和60年の自給率86%に対する、平成7年の自給率59%の割合を求め、そこに100を掛ける。
59÷86×100＝68.60……
よって、68.6が正解。

なお、この問題では、解答を求めるのに棒グラフの内容を考慮する必要はない。

⑰ 解答：32.3X／3.5

北海道に本社がある事業者数をX、東京に本社がある事業者数をYとする。
平成5年度の北海道の事業者数の割合は3.5%、東京の事業者数の割合は32.3%であり、これを、比で表すと、北海道：東京＝3.5：32.3＝X：Yとなる。
32.3×X＝3.5×Yなので、Y＝32.3X／3.5となり、これが正解である。

なお、別の解法として、北海道に本社がある事業者数Xのみを用いて、東京の事業者数を求めることができる。この場合、東京の事業者数の割合は全体の32.3%なので、その事業者数は「(32.3÷3.5)×X」で表せる。これを整理すると、32.3X／3.5となる。

⓲ 解答：増加

グラフを見ることで、計算しなくても割合が増加しているのがはっきりとわかる。
昭和40年から50年にかけて全体の農家数は大きく減っているが、第二種兼業農家の戸数については、専業農家や第一種兼業農家と比較しても減少の割合は小さい。
第二種兼業の割合が、「第二種兼業農家数／東京の農家数」と表されることからも、単純に増加していることは明らかである。よって、増加が正解である。

なお、計算で求めると次のとおりになる。
まず、昭和40年の東京の農家数は44,997戸、第二種兼業農家数は24,819戸なので、第二種兼業農家数の割合は24,819／44,997＝0.551……≒0.55。
次に、昭和50年の東京の農家数は31,019戸、第二種兼業農家数は22,523戸なので、第二種兼業農家数の割合は22,523／31,019＝0.726……≒0.73。
よって、東京の農家数全体に占める第二種兼業農家の割合は、約0.55から約0.73に増加していることがわかる。

⓳ 解答：3X／25

ロシアの貿易額全体をX、対発展途上国の貿易額をYとして考える。
1990年のロシアの貿易額の割合は100%。対する対発展途上国の貿易額の割合は12%。これを比で表すと、ロシアの貿易額全体：対発展途上国の貿易額＝100：12＝X：Yとなる。
12×X＝100×Yなので、Y＝12X／100となる。約分すると3X／25であり、これが正解。

別の解法として、1990年の貿易額全体Xのみを用いて、対発展途上国の貿易額の割合を求めることもできる。
対発展途上国の貿易額は、対発展途上国の割合÷全体の貿易額の割合×全体の貿易額で表せるため、「12÷100×X」。これを整理すると、3X／25となる。

なお、この問題では、解答を求めるのに1987年と1993年のグラフを考慮する必要はない。

⑳ 解答：違反上位3件とそれ以外の比は、およそ13：7である。

選択肢の内容をそれぞれ検討する。

●信号無視件数は、一時停止違反件数のおよそ7.3倍である。
全体の運転者の違反に対する信号無視の違反の割合は19.1％。
一方、一時停止違反の割合は2.4％。19.1÷2.4＝7.95……のため、およそ8倍といえる。よって、誤り。

●毎年最も多い違反は、最高速度違反である。
グラフからは年度別の比較ができないので、毎年最も多いかどうかはわからない。

●運転者の違反が対前年比で＋7.2％のとき、前年の運転者の違反はおよそ98,421件である。
実際に増加率の式を立てて計算してみる。前年度の違反件数をXとおくと、

$$\frac{105{,}797-X}{X}\times 100=7.2$$

X＝98,691.23……
選択肢での件数とは微妙に異なるため、保留とする。

●全大型貨物自動車中、整備不良車両はおよそ7.7％である。
このグラフでは、すべての違反のうち整備不良車両を運転したことによるものが7.7％であると示しているに過ぎず、全大型貨物自動車中の整備不良車両が7.7％であることは示していない。よって、誤り。

●違反上位3件とそれ以外の比は、およそ13：7である。
違反上位3件とは、積載・重量違反、最高速度違反、信号無視である。これらの割合を合計すると、
14.3＋31.7＋19.1＝65.1％
よって、それ以外の割合は、
100－65.1＝34.9％
これが13：7かどうかを検証する。
上位3件の割合をそれ以外で割ってみると、
65.1÷34.9＝1.865……
一方、13：7も同様に考えてみると、
13÷7＝1.857……
両者は非常に近い数値となっていることがわかる。よって、この選択肢が正しい。

㉑ 解答：26,288億円

1993年の生産総額がわかっていて、対前年比増加率もわかっているので増加率を算出する方程式を立てればよい。
前年(1992年)の合計生産額をx億円とおくと、

$$\frac{(6,705+28,784)-x}{x}\times 100=35$$

$$\frac{35,489-x}{x}\times 100=35$$

$3,548,900-100x=35x$
$3,548,900=135x$
$x=3,548,900\div 135$
$x=26,288.148\cdots\cdots$
よって、最も近い26,288億円が正解。

なお、半導体素子と集積回路の生産額の合計について、1993年と1992年の比でまとめる方法でも正解を導くことができる。
まず、1993年の半導体素子の生産額と集積回路の生産額は、6,705＋28,784＝35,489億円。1993年が1992年の35％増の結果である場合、1992年の生産割合を100とすると、1993年は135となる。
また、1992年の生産額をx億円とすると1993年の生産額は35,489億円なので、100：135＝x：35,489となる。
これを解くと、
$135x=35,489\times 100$
$135x=3,548,900$
$x=26,288.148\cdots\cdots$
よって、最も近い26,288億円が正解。

㉒ 解答：45.9%

問われているのは、水道事業数（全体の35.3％）のうち簡易水道事業数（全体の16.2％）の割合なので、16.2を35.3で割ればよい。
$16.2\div 35.3\times 100=45.89\cdots\cdots\%$
よって、いちばん値の近い45.9％が正解。

㉓ 解答：グラフからはわからない

このグラフでは貿易額の実数の情報が与えられていないため、1987年と1993年の全体の貿易額を算出することはできない。87年ロシアの対ドイツの貿易額の割合は4%、93年の同貿易額の割合は14%なので、87年から93年にかけての対ドイツの貿易額の割合自体は14÷4＝3.5倍に増えているが、両年の全体の貿易額がわからないため、ここから貿易額を導き出すことはできない。
そのため、「グラフからはわからない」が正解。

㉔ 解答：52%

この問題は体重50kg以上の生徒の割合を問う問題なので、まず体重50kg以上の合計人数を求め、全体人数で割ればよい。
体重50kg以上なので、表の「50以上〜55未満」「55以上〜60未満」「60以上〜65未満」が該当する。これに含まれる人数は8、3、2なので合計13人である。
次に、全体人数は、累積度数の一番下の25人である。
13÷25×100＝52%
よって、52%が正解。

㉕ 解答：1.06X

鶏肉が少し安くなったと感じる割合Xに対して、豚肉のそれはどのように表されるかという問題なので、豚肉の割合を鶏肉の割合で割ればよい。
鶏肉が少し安くなったと感じる割合は33.7%、豚肉は35.7%。
35.7÷33.7＝1.059……≒1.06
よって、豚肉の割合は鶏肉のおよそ1.06倍になるので、正解は1.06X。

㉖ 解答：87.2%

1992年の発展途上国の資金需要は36.8。翌年（1993年）の発展途上国の資金需要は68.9。1992年の資金需要に対して、1993年のそれがおよそ何%増加したかが問われているので、68.9を36.8で割る。
68.9÷36.8＝1.8722……≒1.872倍
求めるのは割合（パーセント）なので100を掛け、基準となった1992年の数100を引けばよい。
1.872×100－100＝87.2%
よって、87.2%が正解。

㉗ 解答：2兆1,717億円

付加価値額を問う問題。全工場の付加価値額は、グラフより8兆2,262億7,072万円。4～29人の工場の付加価値額はそのうちの26.4%。
8兆2,262億7,072万×0.264≒2兆1,717億3,547万円
よって、いちばん金額が近い2兆1,717億円が正解。

㉘ 解答：13.7人

1994年は、事業所数が1,600件、従業員数が150,464人なので、1事業所当たりの平均従業員数は、
150,464÷1,600＝94.04人
一方、1988年は、事業所数が1,921件、従業員数が154,258人なので、1事業所当たりの平均従業員数は、
154,258÷1,921＝80.3008……≒80.30人
94.04人から80.30人を引けばよい。
94.04－80.30＝13.74人
よって、いちばん人数の近い13.7人が正解。

㉙ 解答：0.9倍

1990年のイギリスと旧西ドイツのそれぞれの人口を求めるために、小売店数と人口1万人当たり小売店数に着目する。
1990年のイギリスの小売店数は、348×1,000店＝348,000店。
人口1万人当たり小売店数は61店なので、348,000店を61店で割ったものを1万倍するとイギリスの人口になる。
348,000÷61×10,000≒57,049,180人
1990年の旧西ドイツの小売店数は、439×1,000店＝439,000店
人口1万人当たり小売店数は69店なので、439,000店を69店で割ったものを1万倍すると旧西ドイツの人口になる。
439,000÷69×10,000≒63,623,188人
問われているのは、イギリスの人口は旧西ドイツの人口のおよそ何倍かということなので、イギリスの人口を旧西ドイツの人口で割ればよい。
57,049,180÷63,623,188＝0.8966……≒0.9倍
よって、0.9倍が正解。

なお、1万人以下を切り捨てて、イギリスの人口をおよそ5,704万人、旧西ドイ

ツの人口をおよそ6,362万人として計算することで、より速く解答を出すことができる。
5,704÷6,362＝0.8965……≒0.9倍

㉚ 解答：3台

7時台にバスが何台出るかが問われているので、7時からの8時までの間にバスが甲町を出る回数を求める。
ダイヤグラムにおける傾きが正の直線はバスの出発を意味し、傾きが負の直線はバスの到着を意味することがわかれば、解答はすぐに導き出せる。
7時台に甲町から出発する、傾きが正の直線は、7時、7時20分、7時40分の3パターン。つまり、3台バスが出るということを示している。
よって、3台が正解。

㉛ 解答：5ポイント上昇

2000年の海面漁業漁獲量の総数は10,877。そのうち、沿岸漁業漁獲量は2,268。その占める割合は、2,268を10,877で割れば求められる。
2,268÷10,877×100＝20.851……≒20.85％
2008年の海面漁業漁獲量の総数は7,256。そのうち、沿岸漁業漁獲量は1,861。
2000年と同様に、沿岸漁業漁獲量が海面漁業漁獲量の総数に占める割合を求める。
1,861÷7,256×100＝25.647……≒25.65％
問われているのは、2000年から2008年にかけて割合がどのように変化しているかということ。2000年の20.85％と2008年の25.65％を比較すると、2000年の割合よりも2008年の割合のほうが上昇していることがわかる。
この上昇量は、
25.65－20.85＝4.8
よって、いちばん近い数値である5ポイント上昇が正解。

なお、選択肢に使われている「ポイント」という表現に関しては、表中に説明もないため、パーセンテージだとあたりをつけるとよい。

第3章

計数
表内空欄の推測

出題形式

与えられたデータをもとに空欄(「?」で示される)を推測する形式のテスト。

- 20問出題される。
- 制限時間は20分。

※35問、制限時間35分のタイプが実施されることもある。

- 計算用紙と電卓の使用が可能。

ポイント

◎表内の数値から傾向や法則性を見つけ出す速さが問われる。

◎細かな数までこだわらずに大きな数の変化の関係に注目すること。

◎比例（反比例）関係に気づけば解ける問題が多い。

◎縦に並ぶデータ、横に並ぶデータを読み違えないこと。

◎規則性をつかむのに関係ない項目も含まれているので、空欄に関連しそうな項目だけを素早く探し出す。

練習問題

➡ 答えは106ページ

❶ ある家電量販店で、携帯音楽プレーヤーの価格を検討しています。

【製品ごとの価格】

	製品A	製品B	製品C	製品D	製品E	製品F
容量 (GM)	2	4	20	40	120	240
厚さ (mm)	6.8	6.9	7.8	9.6	9.7	10.4
価格 (円)	27,800	29,800	?	36,800	39,800	41,800

製品Cの価格はいくらと推測できるか。

- 30,800円
- 31,800円
- 32,800円
- 33,800円
- 34,800円

❷ ある店舗で、キャンペーンを宣伝するポスターの計画を検討しています。

【ポスター見積り表】

サイズ	A案	B案	C案	D案	E案
B1(72.8cm×103cm) (枚)	10	10	0	20	15
B2(51.5cm×72.8cm) (枚)	0	10	20	0	15
B3(36.4cm×51.5cm) (枚)	30	30	30	30	20
合計金額 (円)	9,500	12,500	10,500	14,500	?

E案の合計金額はいくらと推測できるか。

- 12,500円
- 13,000円
- 14,000円
- 15,000円
- 16,500円

❸ ある商社で、地区ごとに1ヵ月の自社製電池の販売個数を集計しています。

【地区別電池販売個数】

	A地区	B地区	C地区	D地区
コンビニ店舗数　(店)	423	310	504	425
家電量販店舗数　(店)	66	45	20	58
日用品店舗数　(店)	158	170	76	175
電池販売個数　(百個／月)	2,007	1,620	1,820	?

D地区での電池販売個数はいくつと推測できるか。

- 1,658百個
- 1,785百個
- 1,907百個
- 2,032百個
- 2,158百個

❹ あるマーケティング会社で、T地区のブロードバンド利用状況について、過去5年間の動向を分析しています。

【T地区　ブロードバンド利用状況】

		1999年	2000年	2001年	2002年	2003年
ダイヤルアップ（人）		18,750	15,750	10,750	5,250	3,750
常時接続合計　（人）		6,250	9,250	14,250	19,750	?
常時接続	ISDN　（%）	42	34	14	18	9
	ADSL　（%）	10	32	58	50	67
	CATV　（%）	43	31	21	25	18
	その他　（%）	5	3	7	7	6

2003年の常時接続の合計人数は何人と推測できるか。

- 19,950人
- 20,050人
- 20,150人
- 21,150人
- 21,250人

❺ ある建材メーカーが、工場の屋上緑化のための費用を検討しています。

【屋上緑化費用】

	A工場	B工場	C工場	D工場	E工場	F工場
屋上面積 (m²)	1,500	800	700	500	1,200	2,000
芝面積 (m²)	1,000	200	300	200	700	700
植樹面積 (m²)	400	200	0	100	300	300
花壇面積 (m²)	0	300	300	150	0	750
軽量床舗装面積 (m²)	100	100	100	50	200	250
総費用 (万円)	3,020	1,670	1,400	1,025	2,420	?

F工場の総費用額はいくらと推測できるか。

- 3,885万円
- 3,920万円
- 4,095万円
- 4,125万円
- 4,200万円

❻ A県庁で、税収の推移をまとめています。

【税収の推移】

	1988年	2000年	2002年	2004年	2006年
事業税 (百万円)	34,800	42,000	38,100	36,000	?
県民税 (百万円)	24,200	21,700	28,400	27,500	25,600
地方消費税 (百万円)	12,800	13,500	18,200	18,600	18,800
自動車税 (百万円)	11,600	14,000	12,700	12,000	12,500

2006年の事業税はいくらと推測できるか。

- 35,700百万円
- 36,400百万円
- 37,500百万円
- 38,000百万円
- 39,800百万円

❼ ある電器会社で、タイプ別ゲーム機の売上数を集計しています。

【ゲーム機タイプ別売上】

年度		1998	2000	2001	2002	2003	2004
Aタイプ	本体価格 （円）	35,000	32,000	30,000	25,000	23,000	20,000
	対応ソフト数	5	20	25	30	35	40
	本体売上数 （台）	150	220	300	400	420	450
Bタイプ	本体価格 （円）	25,000	20,000	19,000	17,500	16,000	15,000
	対応ソフト数	5	20	25	30	35	40
	本体売上数 （台）	225	330	450	600	630	?

2004年度のBタイプの本体売上数は何台と推測できるか。

- 650台
- 675台
- 700台
- 725台
- 750台

❽ ある企業で、支店ごとの従業員数をまとめています。

【支店別従業員数】

	A支店	B支店	C支店	D支店	E支店
部門数 （部門）	6	9	3	5	?
従業員数 （人）	36	39	31	23	41
うち正社員の人数 （人）	18	12	22	8	26

E支店の部門数はいくつと推測できるか。

- 3部門
- 5部門
- 7部門
- 9部門
- 11部門

❾ ある企業で、部署ごとの勤務状況を調査しています。

【勤務状況調査】

	部署A	部署B	部署C	部署D	部署E
平均残業時間（時間／週）	10	15	12.5	14	11
人数 （人）	200	350	150	120	300
休職者数 （人）	6	17	6	5	?

部署Eの休職者数は何人と推測できるか。

- 8人
- 10人
- 12人
- 14人
- 16人

❿ あるホームセンターで、ねじの材質別売上を集計しています。

【ねじ材質別売上】

	8月1日	9月1日	10月1日	11月1日
鉄 (本)	500	300	280	440
黄銅 (本)	110	150	0	220
アルミニウム (本)	10	15	0	20
チタン (本)	50	0	50	0
ポリカーボネート (本)	40	20	25	30
合計売上	4,280	2,005	2,815	?

11月1日の合計売上はいくらと推測できるか。

- 2,790円
- 2,930円
- 3,240円
- 3,560円
- 6,380円

⓫ ある企業の総務部で、永年勤続表彰についてまとめています。

【勤続表彰報奨金】

	2003年	2004年	2005年	2006年	2007年	2008年
勤続10年表彰者数 (人)	120	115	130	100	105	120
勤続20年表彰者数 (人)	130	126	120	110	103	112
報奨金総額 (万円)	1,900	1,835	1,850	1,600	1,555	?

2008年の報奨金総額はいくらと推測できるか。

- 1,700万円
- 1,720万円
- 1,740万円
- 1,760万円
- 1,780万円

⓬ ある弁当店で、商品別の販売数を集計しています。

【商品別販売数】

	1週目	2週目	3週目	4週目	5週目
緑茶 (本)	1,200	1,400	1,300	1,600	1,500
弁当A (食)	1,201	1,147	1,233	1,324	1,466
弁当B (食)	599	953	717	1,076	?

5週目の弁当Bの販売数はいくつと推測できるか。

- 784食
- 844食
- 869食
- 914食
- 949食

⓭ カンファレンスの候補地として、５つの会議場を比較しています。

【会議場の使用料】

	会議場A	会議場B	会議場C	会議場D	会議場E
収容人数　（人）	700	650	800	1,000	750
使用料　（円）	455,000	357,500	360,000	390,000	?
駅からの距離　（km）	0.5	1.0	1.5	1.8	2.0

会議場Ｅの使用料はいくらと推測できるか。

- 262,500円
- 267,500円
- 272,500円
- 277,500円
- 282,500円

⑭　会社の合併に伴い、社章、名刺、ネームプレート、IDカードを新たに発注することになりました。

【発注予定表】

	人数（人）	社章（個）	名刺A（組）	名刺B（組）	ネームプレート（枚）	IDカード（枚）	支払い予定金額（円）
役　員	15	15	15		15	15	87,000
外　勤	200	200		400	200	200	1,360,000
内勤A	400	400	400		400	400	2,320,000
内勤B	800	800		800	800	800	?
内勤C	500	500			500	500	1,400,000
アルバイトA	120			120	120		276,000
アルバイトB	120				120		36,000
派遣社員	220				220		66,000
合　計	2,375	1,915	415	1,320	2,375	1,915	－

内勤B用の発注分の支払い予定額はいくらと推測できるか。

- 2,720,000円
- 3,420,000円
- 3,840,000円
- 4,620,000円
- 5,440,000円

⑮ ある食品会社で、肉加工品の見積書を作成しています。

【加工品見積書】

	A	B	C	D	E	F
牛タタキ （g）	1,000	0	0	500	0	500
焼豚 （g）	0	500	0	500	500	0
ローストビーフ （g）	0	500	500	0	0	0
ロースハム （本）	0	5	0	0	5	5
ベーコン （g）	500	0	500	0	0	0
ソーセージ （本）	0	10	5	0	5	5
金額 （円）	6,100	7,400	4,400	4,200	4,000	?

Fの金額はいくらと推測できるか。

- 4,600円
- 4,700円
- 4,800円
- 4,900円
- 5,000円

⓰　ある生花会社で、喫茶店等に卸すための花のセットの価格表を作成しています。

【アレンジ価格表】

	Aセット	Bセット	Cセット	Dセット	Eセット
かすみ草　（本）	30	40	45	40	30
バラ　（本）	20	40	30	40	20
ユリ　（本）	10	30	10	20	20
スイートピー　（本）	30	20	30	10	20
チューリップ　（本）	30	10	30	5	10
価格　（円）	19,500	31,000	25,500	26,750	?

Eセットの価格はいくらと推測できるか。

- 20,000円
- 20,500円
- 21,000円
- 21,500円
- 22,000円

⑰ 表を見て次の問いに答えなさい。

【公共図書館の図書館資料費決算】　　（単位：万円）

年	合計					
		都道府県立	市区立	町村立	広域市町村圏	私立
1991	2,857,115	337,336	2,141,078	358,156	?	18,406
1992	3,079,246	421,382	2,218,250	419,658	2,174	17,782
1993	3,242,020	406,902	2,303,722	507,413	6,092	17,891
1994	3,403,026	425,648	2,368,624	587,429	5,927	15,399
1995	3,490,813	411,666	2,403,577	657,093	5,766	12,711

1991年の広域市町村圏の図書館資料費はいくらと推測できるか。

- 2,120万円
- 2,139万円
- 2,145万円
- 2,153万円
- 2,162万円

⓲ 表を見て次の問いに答えなさい。

【東海道新幹線の主要駅間の距離標】　　　　（単位：km）

			京都
		名古屋	147.6
	静岡	?	333.4
東京	180.2	366.0	513.6

静岡―名古屋間は何kmと推測できるか。

- ○ 147.6km
- ○ 162.5km
- ○ 185.8km
- ○ 202.3km
- ○ 322.3km

⑲　x市で、市営ホールの利用状況をまとめています。

【x市　市営ホール利用状況】

利用状況	平成12年度		平成13年度		平成14年度		平成15年度	
	動員数（人）	日数（日）	動員数（人）	日数（日）	動員数（人）	日数（日）	動員数（人）	日数（日）
コンサート等	?	132	168,230	94	147,140	80	125,638	66
学校行事	108,842	100	73,250	74	60,000	63	54,421	50
展示会	28,640	32	22,650	25	19,215	20	14,320	16
その他	75,080	110	68,457	80	57,398	70	37,540	55

平成12年度のコンサート等の動員数は何人と推測できるか。

- 190,360人
- 234,500人
- 251,276人
- 278,710人
- 294,280人

⑳ あるホテルで、部屋タイプごとの宿泊料金を設定しています。

【タイプ別宿泊料金】

	Aタイプ	Bタイプ	Cタイプ	Dタイプ	Eタイプ	Fタイプ
部屋の広さ (m²)	20	25	30	20	25	30
通常料金 (円)	25,000	30,000	35,000	20,000	24,000	28,000
夕食付き宿泊プラン料金 (円)	27,500	32,000	36,500	23,000	26,600	?

Fタイプの夕食付き宿泊プラン料金はいくらと推測できるか。

- 30,200円
- 30,700円
- 31,200円
- 31,700円
- 32,200円

㉑ あるファッションビルで、退店候補となっている5店舗について比較検討しています。

【退店候補店一覧】

	A店	B店	C店	D店	E店
今年度売上 (千円)	4,500	1,470	2,940	8,700	?
売上目標額 (千円)	13,500	2,940	7,350	17,400	9,600
客単価 (円)	15,000	4,900	9,800	29,000	12,800
店舗面積 (坪)	15	2	7	15	10
経過年数 (年)	8	3	10	15	5
販売員人数 (人)	7	9	3	6	8

E店の今年度売上はいくらと推測できるか。

- 2,880千円
- 3,456千円
- 3,840千円
- 4,032千円
- 4,224千円

㉒ 飲み物の自動販売機を設置している販売店ごとの売上数を集計しています。

【飲み物の売上数】

	A販売店	B販売店	C販売店	D販売店	E販売店
コーヒー（ホット）　（杯）	350	474	396	372	441
コーヒー（アイス）　（杯）	126	118	94	106	154
紅茶（ホット）　（杯）	117	158	132	123	?
紅茶（アイス）　（杯）	94	82	76	78	95
オレンジジュース　（杯）	85	67	82	77	84

E販売店の紅茶（ホット）の売上数はいくつと推測できるか。

- ○ 132杯
- ○ 147杯
- ○ 156杯
- ○ 162杯
- ○ 172杯

㉓ ある複合映画館で、週ごとの各スクリーンの動員数をまとめています。

【スクリーン別の動員数】

	1週目	2週目	3週目	4週目	5週目
スクリーンA　（人）	3,150	2,190	2,070	1,200	1,050
スクリーンB　（人）	5,250	3,650	3,450	2,000	1,750
スクリーンC　（人）	11,550	8,030	7,590	4,400	?
スクリーンD　（人）	9,450	6,570	6,210	3,600	3,150

スクリーンCの5週目の動員数は何人と推測できるか。

- 3,450人
- 3,550人
- 3,650人
- 3,750人
- 3,850人

㉔　ある製薬会社で、2つの商品を小売店にセットで卸す場合の卸値を検討しています。

【キャンペーン価格表】

	単価　(円)		ケース売り卸値　(円)		
	売価	卸値	12コ入	24コ入	48コ入
商品Ａ	1,000	800	9,000	16,800	28,800
商品Ｂ	2,000	1,800	20,400	38,400	67,200
Ａ＋Ｂカップリングキャンペーン価格　(卸値)					
Ａ＋Ｂセット価格(円)	各12コ入	26,460			
	各24コ入	?			
	各48コ入	86,400			

Ａ＋Ｂセット価格各24コ入のキャンペーン価格はいくらが妥当と推測できるか。

- 43,200円
- 46,440円
- 48,060円
- 49,680円
- 52,920円

㉕ ある空港で、ワーキングホリデーに行く日本人の人数を集計しました。

【ワーキングホリデーの行先別人数表】

	1993年	1996年	1999年	2002年
A国　（人）	432	558	1,206	?
B国　（人）	35	71	89	210
C国　（人）	48	62	134	195

2002年にA国へワーキングホリデーに行った日本人は何人と推測できるか。

- 1,380人
- 1,543人
- 1,755人
- 1,862人
- 1,978人

㉖ あるホームセンターで、ねじの材質別売上を集計しています。

【ねじ材質別売上】

		8月1日	9月1日	10月1日	11月1日
鉄	(本)	500	300	280	440
黄銅	(本)	110	150	0	220
アルミニウム	(本)	10	15	0	20
チタン	(本)	50	0	50	0
ポリカーボネート	(本)	40	20	25	30
合計売上	(円)	4,280	2,005	2,815	?

11月1日の合計売上はいくらと推測できるか。

- 2,790円
- 2,930円
- 3,240円
- 3,560円
- 3,810円

㉗ ある証券会社で、顧客の資産運用をまとめています。

【顧客年間投資額】

	Aさん	Bさん	Cさん	Dさん	Eさん
年齢 （歳）	35	37	29	33	40
年収 （万円）	1,000	800	740	650	920
インターネット利用期間 （分／日）	62	62	75	75	55
購読情報誌数 （誌／月）	3	4	4	5	3
年間投資額 （万円）	80.0	75.2	?	67.6	64.4
年間銀行預金額 （万円）	120.0	84.8	74.0	62.4	119.6

Cさんの年間投資額はいくらと推測できるか。

- 63.7万円
- 69.5万円
- 74.0万円
- 79.6万円
- 82.6万円

㉘ A県庁で、各市の図書館利用者数をまとめています。

【県内図書館の利用者数】

	A市	B市	C市	D市	E市	F市
人口 (万人)	6	10	8	9	15	12
年間利用者数 (万人)	14	26	20	21	39	?
蔵書数 (万冊)	10	12	28	15	18	42

F市の年間利用者数は何万人と推測できるか。

- 30万人
- 33万人
- 35万人
- 37万人
- 39万人

㉙ ある家電量販店で、パソコンセールの販売実績についてまとめています。

【パソコンセール販売実績】

	A社製	B社製	C社製	D社製	E社製
定価 (円)	125,000	138,000	119,000	150,000	123,000
セール時の価格 (円)	98,000	108,000	99,000	118,000	100,000
販売実績 (台)	270	300	200	320	?

E社製のパソコンの販売実績は何台と推測できるか。

- 220台
- 230台
- 240台
- 250台
- 260台

練習問題 解答（81〜105ページ）

❶ 解答：34,800円

表の価格欄を見ると、法則性があるのがわかる。

	製品A	製品B	製品C	製品D	製品E	製品F
容量　（GM）	2	4	20	40	120	240
厚さ　（mm）	6.8	6.9	7.8	9.6	9.7	10.4
価格　　（円）	27,800	29,800	?	36,800	39,800	41,800

差額　2,000円　?　?　3,000円　2,000円

まず、製品AとBでは、Aの容量が2に対してBの容量は4なので2倍であり、価格はBがAよりも2,000円高い。
次に、製品DとEでは、Dの容量40に対してEの容量120なので3倍であり、EはDよりも3,000円高い。
さらに、製品EとFでは、Eの容量120に対してFの容量240で2倍であり、FはEよりも2,000円高い。
以上より、容量がx倍になると、価格が1,000x円単位で増加することがわかる。
製品BとCを比較すると、Cの容量はBの5倍なので、Cの価格はBよりも1,000×5＝5,000円高いと推測できる。つまり、29,800＋5,000＝34,800円となる。
また、製品CとDを比較すると、Dの容量はCの2倍なので、Cの価格はDよりも2,000円安くなると推測できる。つまり、36,800－2,000＝34,800円となる。
以上より、どちらも同じ価格となるので、正解は34,800円。

❷ 解答：15,000円

B1、B2、B3のそれぞれのサイズの1枚当たりの単価を調べる。
A案とB案を比較すると、B2の1枚当たりの金額が、(12,500－9,500)÷10＝300円であるとわかる(B2：300円/枚……①)。
次に、A案とD案を比較すると、B1の1枚当たりの金額が、(14500－9500)÷(20－10)＝5000÷10＝500円であるとわかる(B1：500円/枚……②)。
以上より、B3の1枚当たりの金額も算出できる。
A案から、B3にかかる費用は、9500－(500×10)＝4500円となる。これは30枚分の費用なので、1枚当たりの金額は4500÷30＝150円である(B3：150円/枚……③)。

①〜③をE案に当てはめて合計金額を求めると、
500×15＋300×15＋150×20＝15,000円
よって、正解は15,000円。

❸ 解答：2,032百個

D地区の販売個数については、A・B・C地区の1店舗当たりの平均販売個数を算出し、D地区の合計店舗数を掛けることで、およその販売個数を推測できると考えられる。
A地区は、販売個数2,007百個に対して、合計店舗数(423＋66＋158)は647なので、1店舗当たりの平均販売個数は、
2,007÷647＝3.102……≒3.10百個
同様にB地区は、
1,620÷(310＋45＋170)＝1,620÷525＝3.085……≒3.09百個
C地区は、
1,820÷(504＋20＋76)＝1,820÷600＝3.033……≒3.03百個
よって、1店舗当たり3.03〜3.10百個売れているのがわかる。
D地区の合計店舗数は、
425＋58＋175＝658
A地区の1店舗当たりの平均販売個数（約3.10百個）とC地区の1店舗当たりの平均販売個数(約3.03百個)をD地区の合計店舗数で掛けてみると、
658×3.10＝2039.8　百個
658×3.03＝1993.74百個
選択肢のなかで、この2つの数字に最も近いのは、2,032百個。

❹ 解答：21,250人

ダイヤルアップは年ごとに人数が減少している。逆に、常時接続合計は年ごとに人数が増加している。
そこで、ダイヤルアップ＋常時接続合計を計算してみると、次のとおりになる。
1999年：18,750＋　6,250＝25,000人
2000年：15,750＋　9,250＝25,000人
2001年：10,750＋14,250＝25,000人
2002年：　5,250＋19,750＝25,000人
このように、いずれの年も合計が25,000人であることがわかる。
この法則に沿って、2003年の常時接続合計を算出すると、3,750＋？＝25,000人なので、

25,000－3,750＝21,250人

＊表中の数字と選択肢の数字を見比べて、何らかの法則性がないかを考えることが重要である。設問の場合、数の大きさやキリのよい数字から、ダイヤルアップ欄と常時接続合計欄に注目することで、法則性を導き出すことができる。

❺ 解答：4,095万円

表より、屋上面積＝芝面積＋植樹面積＋花壇面積＋軽量床舗装面積であることに着目する。
F工場の総費用を求めるには、このそれぞれの面積にかかる費用を算出して、すべてを足し合わせればよい。
まず、B工場とD工場に着目する。芝面積はともに200m^2であり、植樹面積、花壇面積、軽量床舗装面積はすべて2倍の関係になっていることから、芝面積＝x、植樹面積＋花壇面積＋軽量床舗装面積＝yとおけば、連立方程式を立てることができる。

$$\begin{cases} x + y = 1{,}025\text{万円} \\ x + 2y = 1{,}670\text{万円} \end{cases}$$

xを解きたいので、y＝1,025－xを代入すると、
x＋2(1,025－x)＝1,670
x＋2,050－2x＝1,670
－x＝1,670－2,050
x＝380万円
xは芝面積200m^2当たりの費用なので、芝面積100m^2当たりの費用はその半分の190万円とわかる。

次に、B工場とC工場に着目する。芝面積と植樹面積の値が異なり、花壇面積と軽量床舗装面積の値が等しい。すでに芝面積の費用が明らかになっているので、それを引くことで、次の2つの式が成り立つ。
B工場：植樹面積＋花壇面積＋軽量床舗装面積＝1,670－(190×2)＝1,290万円
C工場：花壇面積＋軽量床舗装面積＝1,400－(190×3)＝830万円
あとは、B工場の植樹面積＋花壇面積＋軽量床舗装面積の費用からC工場の花壇面積＋軽量床舗装面積の費用を引けば、残るのは植樹面積分の費用となり、
1,290－830＝460万円
これは植樹面積200m^2当たりの費用なので、植樹面積100m^2当たりの費用はその半分の230万円とわかる。

続いて、A工場に着目する。A工場は花壇面積がゼロなので、すでに判明している芝面積と植樹面積の費用から軽量床舗装面積100m²の費用がわかる。
軽量床舗装面積100m²当たりの費用＝3,020－(190×10＋230×4)＝200万円
残る花壇面積の費用については、C工場を例にとって、次のとおりに算出できる。
花壇面積100m²当たりの費用＝1,400－(190×3＋200)÷3＝210万円
以上ですべての費用が判明したので、これらをF工場に当てはめると、
190×7＋230×3＋210×7.5＋200×2.5＝4,095万円

❻ 解答：37,500百万円

事業税の推移に着目すると、1988～2000年は増加、2000～2002年は減少、2002～2004年は減少となっている。
同様に増加、減少、減少の推移となっているのが、いちばん下の自動車税である。
そこで、事業税と自動車税の関係を見てみると、「事業税＝自動車税×3」となっていることがわかる。
そうすると、2006年の事業税は、
12,500×3＝37,500百万円

❼ 解答：675台

問われているのは、Bタイプの本体売上数なので、Aタイプのそれと比較してみると、AタイプとBタイプの本体売上数は2：3の関係を保っていることがわかる。
このことから、2004年度のBタイプの本体売上数をx台とすると、2：3＝450：xと表すことができる。よって、
2×x＝450×3
2x＝1,350
x＝675台

なお、Bタイプの本体売上数がAタイプの1.5倍となっていると着目して、次のように算出してもよい。
450×1.5＝675台

❽ 解答：5部門

部門数は、従業員数と、そのうちの正社員の人数との間に法則性があるのではないかと考えてみる。
A支店の6部門に対して、C支店は1/2の3部門。従業員数とうち正社員の人数

に関して同様に1/2になるような関係性を探してみると、次の場合が当てはまる。
A支店：従業員数36－うち正社員の人数18＝18
C支店：従業員数31－うち正社員の人数22＝ 9
これを部門数で割ると、
A支店：18÷6＝3
C支店： 9÷3＝3
同様に、B支店とD支店についても「(従業員数－うち正社員の人数)÷部門数」を当てはめると、
B支店：(39－12)÷9＝3
D支店：(23－ 9)÷5＝3
以上より、「(従業員数－うち正社員の人数)÷部門数＝3」が成立することがわかる。
これをE支店に当てはめると、
(41－26)÷？＝3
？＝5部門

❾ 解答：10人

部署ごとの人数に対して、休職者数の割合はどれくらいなのかを部署ごとに計算してみると、下表のようになる(小数点第2位以下を四捨五入)。

	A	B	C	D	E
休職者割合 (%)	3	4.9	4	4.2	?

この表に平均残業時間を加えると、次のとおりになる。

	A	B	C	D	E
休職者割合 (%)	3	4.9	4	4.2	?
平均残業時間 (時間/週)	10	15	12.5	14	11

表より、平均残業時間が多いと休職者の割合も多くなることがわかる。
部署Eの平均残業時間は、部署Aよりも多く、部署Cよりも少ないため、部署Eの休職者数をx人とおくと、次の式が成り立つ。

$$300\times\frac{3}{100}<x<300\times\frac{4}{100}$$

$9<x<12$
xは整数なので、10か11のどちらかの値となる。
よって、正解は10人。

⑩ 解答：2,930円

8月1日から10月1日の売上を引いてみると、下表のようになる。

		8月1日－10月1日	11月1日
鉄	(本)	220	440
黄銅	(本)	110	220
アルミニウム	(本)	10	20
チタン	(本)	0	0
ポリカーボネート	(本)	15	30
合計売上		1,465	?

この表から、11月1日の合計売上は「8月1日－10月1日」の合計売上の2倍であることがわかる。
よって、1,465×2＝2,930円。

⑪ 解答：1,720万円

勤続10年表彰者の1人当たりの報奨金をx万円、勤続20年表彰者の1人当たりの報奨金をy万円として、連立方程式を立ててみる。
2003年と2004年のデータを用いて、

$$\begin{cases} 120x + 130y = 1{,}900 \\ 115x + 126y = 1{,}835 \end{cases}$$

これを解くと、

$$\begin{cases} x = \ \ 5\text{万円} \\ y = 10\text{万円} \end{cases}$$

他の年度についても、次のとおりに成立していることがわかる。
2005年：130×5＋120×10＝1,850万円
2006年：100×5＋110×10＝1,600万円
2007年：105×5＋103×10＝1,555万円
2008年についても同様に計算すると、
120×5＋112×10＝1,720万円

⑫ 解答：784食

緑茶の本数は百本単位のキリのよい数字が並んでいる。弁当については、弁当Aと弁当Bを合計するとキリのよい数字になる。(1800、2100、2000、2400、2966)

そこで、弁当の販売数と緑茶の販売数の間に法則性があるかどうかを調べてみると、すべての週について、「(弁当Aの販売数＋弁当Bの販売数）÷緑茶の販売数＝1.5」という法則が成り立つことがわかる。
1週目：(1,201＋　599)÷1,200＝1.5
2週目：(1,147＋　953)÷1,400＝1.5
3週目：(1,233＋　717)÷1,300＝1.5
4週目：(1,324＋1,076)÷1,600＝1.5
これは、弁当Aと弁当Bの販売数の合計が、緑茶の販売数の1.5倍であることを表している。
以上より、5週目の弁当Aと弁当Bの販売数の合計は、
1,500×1.5＝2,250食
弁当Bの販売数は、
2,250－1,466＝784食

⑬ 解答：262,500円

まず、収容人数と使用料の法則性を検討する。
「使用料÷収容人数」を計算してみると、下表のとおりになる。

	会議場A	会議場B	会議場C	会議場D	会議場E
収容人数　(人)	700	650	800	1,000	750
使用料　(円)	455,000	357,500	360,000	390,000	?
収容人数当たり使用料（円/人)	650	550	450	390	
駅からの距離　(km)	0.5	1.0	1.5	1.8	2.0

収容人数当たり使用料について会議場ごとの差を見てみると、会議場BとAが100円/人、会議場CとBが100円/人、会議場DとCが60円/人となっている。
一方、駅からの距離の差は、会議場BとAが0.5km、会議場CとBが0.5km、会議場DとCが0.3kmとなっている。
以上より、駅からの距離の差と収容人数当たり使用料の差について、会議場BとAの差を用いると、次の関係が成立する。
駅からの距離の差1kmごとの収容人数当たり使用料の差：100÷0.5＝200円/人
⇒駅から距離が1km離れると、収容人数当たり使用料が200円/人下がる
会議場Bと会議場Eの駅からの距離の差は1kmであるため、会議場Eの収容人数当たり使用料は、
550－200＝350円/人
よって、使用料は、
350×750＝262,500円

⑭ 解答：3,840,000円

社章、名刺、ネームプレート、IDカードの各単価がわかれば、内勤B用の発注分の支払い予定金額が算出できる。
まず、アルバイトB用の発注分からネームプレートの単価がわかる。
ネームプレートの単価：36,000÷120＝300円
次に、アルバイトAとアルバイトBの発注分を比較すると、アルバイトAのほうがアルバイトBよりも支払い予定金額が276,000－36,000＝240,000円多い。
アルバイトAのみに名刺Bの発注が予定されているため、ここから名刺Bの単価がわかる。
名刺Bの単価：240,000÷120＝2,000円
ここで、外勤用の発注分の支払い予定金額より、すでに単価のわかっている名刺Bとネームプレート分の金額を引くと、
1,360,000－2,000×400－300×200＝500,000円
これが社章200個とIDカード200枚を合計した場合の支払い予定金額である。
内勤B用の社章とIDカードの発注予定数はそれぞれ800なので、この支払い予定金額の4倍となる。
500,000×4＝2,000,000円
以上より、内勤B用の発注分の支払い予定金額は、
2,000,000＋2,000×800＋300×800＝3,840,000円

⑮ 解答：4,900円

まず、BとEの見積書を比較すると、BはEよりもローストビーフ500gとソーセージ5本分多い内容となっている。
金額はBのほうがEより7,400－4,000＝3,400円高いので、ローストビーフ500gとソーセージ5本の合計金額が3,400円であることがわかる。
次に、Cの見積書を見てみると、ローストビーフ500gとベーコン500g、ソーセージ5本で4,400円である。ローストビーフ500gとソーセージ5本で3,400円なので、ベーコン500gの金額は4,400－3,400＝1,000円である。
すると、Aの見積書の内容より、牛タタキ1,000gの金額は6,100－1,000＝5,100円となる。
さらに、Dの見積書の内容より、焼き豚500gの金額は4,200－5,100÷2＝1,650円とわかる。
最後に、Eの見積書の内容から焼き豚500gを引いて、牛タタキ500gを加えることでFの見積書の内容となることから、Fの金額は、
4,000－1,650＋5,100÷2＝4,900円

⑯ 解答：20,500円

Aセットと Cセットでは、スイートピーとチューリップの本数が同じとなっている。一方、Bセットと Dセットでは、かすみ草とバラの本数が同じとなっている。そこで、Cセットの内容からAセットの内容を差し引いたもの（①）、Bセットの内容からDセットの内容を差し引いたもの(②)をそれぞれまとめると、次のとおりになる。

	①(Cセット－Aセット)	②(Bセット－Dセット)	Eセット
かすみ草　(本)	15	0	30
バラ　(本)	10	0	20
ユリ　(本)	0	10	20
スイートピー　(本)	0	10	20
チューリップ　(本)	0	5	10
価格　(円)	6,000	4,250	?

Eセットの内容は①の内容の2倍と②の内容の2倍の合計となっていることから、Eセットの価格は、

$6{,}000 \times 2 + 4{,}250 \times 2 = 20{,}500$円

⑰ 解答：2,139万円

1991年の合計から広域市町村圏以外の金額を合計したものを引けばよい。
1991年の広域市町村圏の図書館資料費をX万円とすると、
X＝合計－(都道府県立＋市区立＋町村立＋私立)
$= 2{,}857{,}115 - (337{,}336 + 2{,}141{,}078 + 358{,}156 + 18{,}406) = 2{,}139$万円

⑱ 解答：185.8km

次のように図で考えるとわかりやすい。静岡－名古屋間の距離をxkmとする。

$147.6 + x = 333.4$なので、$x = 333.4 - 147.6 = 185.8$km

なお、次のように、東京－静岡間と東京－名古屋間から静岡－名古屋間の距離を求めることもできる。

x＝366.0－180.2＝185.8km

⑲ 解答：234,500人

平成13～15年度のコンサート等における1日あたりの動員数（動員数÷日数）を計算すると次のとおりになる。
平成13年度…168,230÷94＝1,789.6……≒1,790
平成14年度…147,140÷80＝1,839.2……≒1,839
平成15年度…125,638÷66＝1,903.6……≒1,904
平成14年度の1日あたりの動員数は平成13年度に比べて約49人、平成15年度の1日あたりの動員数は平成14年度に比べて約65人増加しており、平成13～14年度よりも平成14～15年度のほうが1日あたりの動員数の増加が約16人分多い。ここから、平成12～13年度の1日あたりの動員数の増加については、平成13～14年度よりも約16人分少ない33人と推測でき、平成12年度の1日あたりの動員数は1,790－33＝1,757となる。
以上より、平成12年度のコンサート等の動員数は、
1,757×132＝231,924人
選択肢のなかで、この数字に最も近いのは234,500人。

⑳ 解答：30,200円

まず、Aタイプ、Bタイプ、Cタイプでは、部屋の広さが5m^2ずつ、通常料金が5,000円ずつ、夕食付き宿泊プラン料金が4,500円ずつ増えている。
一方、Dタイプ、Eタイプ、Fタイプでは、部屋の広さが5m^2ずつ、通常料金が4,000円ずつ増えている。
A～CタイプとD～Fタイプでは料金設定の法則が異なっており、A～Cタイプの夕食付き宿泊プラン料金が一定額ずつ増えていることから、D～Fタイプの夕食付き宿泊プラン料金も同様に一定額ずつ増えていると考えられる。
Eタイプの夕食付き宿泊プラン料金はDタイプより3,600円高いので、Fタイプの夕食付き宿泊料金もEタイプより3,600円高いことが推測できる。
以上より、Fタイプの夕食付き宿泊プラン料金は、
26,600＋3,600＝30,200

㉑ 解答：3,840千円

E店の今年度売上をX千円とする。
表より、今年度売上と客単価が3：10の関係になっていることがわかる。
A店…4,500：15,000＝3：10
B店…1,470：4,900＝3：10
C店…2,940：9,800＝3：10
D店…8,700：29,000＝3：10
したがってE店は、X：12,800＝3：10となる。
これを解くと、
X×10＝3×12,800
10X＝38,400
X＝3,840

㉒ 解答：147杯

E販売店の紅茶(ホット)の売上数をX杯とする。
表より、コーヒー（ホット）の売上数と紅茶（ホット）の売上数がほぼ3：1の関係になっていることがわかる。
A店…350：117≒3：1
B店…474：158＝3：1
C店…396：132＝3：1
D店…372：123≒3：1
したがってE販売店は、441：X＝3：1となる。
これを解くと、
X×3＝441×1
3X＝441
X＝147

㉓ 解答：3,850人

スクリーンCの5週目の動員数をX人とする。
表より、1～4週目のスクリーンBとスクリーンCの動員数は5：11の関係にあることがわかる。
1週目…5,250：11,550＝5：11
2週目…3,650：8,030＝5：11
3週目…3,450：7,590＝5：11

4週目…2,000：4,400＝5：11
したがって5週目は、1,750：X＝5：11となる。
これを解くと、
X×5＝1,750×11
5X＝19,250
X＝3,850

㉔ 解答：49,680円

商品Aケースの売り卸値と商品Bケースの売り卸値の合計と、A＋Bセット価格との差額を比較してみると次のようになる。

	商品Aケース売り卸値 ＋商品Bケース売り卸値…①	A＋Bセット価格…②
各12コ入	29,400	26,460
各48コ入	96,000	86,400

各12コ入の場合、②を①で割ると、26,460÷29,400＝0.9で、②は①の0.9倍の金額である。
各48コ入の場合も同様に、86,400÷96,000＝0.9で、②は①の0.9倍の金額である。
つまり、「A＋Bセット価格」は「商品Aケース売り卸値＋商品Bケース売り卸値」の0.9倍の金額(1割引き)で販売されていることがわかる。
したがって、24コ入を同様に計算すると、
(16,800＋38,400)×0.9＝49,680

㉕ 解答：1,755人

2002年にA国へワーキングホリデーに行った日本人をX人とする。
表より、各年におけるA国へ行った人数とC国へ行った人数が9：1の関係にあることがわかる。
1993年…432：48＝9：1
1996年…558：62＝9：1
1999年…1,206：134＝9：1
したがって2002年は、X：195＝9：1となる。
これを解くと、
X×1＝195×9
X＝1755

㉖ 解答：2,930円

各材質について、8月1日に売り上げた本数と10月1日に売り上げた本数の差を2倍すると11月1日に売り上げた本数に一致している。
鉄の場合…(500－280)×2＝440…11月1日に売り上げた本数に一致
合計売上についても同じ法則が当てはまるので、11月1日の合計売上は、
(4,280－2,815)×2＝2,930

㉗ 解答：74.0万円

Cさんの年間投資額をX万円とする。
Aさん、Bさん、Dさん、Eさんについて、それぞれ年間投資額と年間銀行預金額の和がキリのよい数字となっている。
Aさん…80.0＋120.0＝200
Bさん…75.2＋84.8＝160
Dさん…67.6＋62.4＝130
Eさん…64.4＋119.6＝184
年間投資額と年間銀行預金額の和は、年収と5：1の関係になっている。
Aさん…1,000：200＝5：1
Bさん…800：160＝5：1
Dさん…650：130＝5：1
Eさん…920：184＝5：1
したがって、Cさんの場合は、740：(X＋74)＝5：1となる。
これを解くと、
(X＋74)×5＝740×1
5X＋370＝740
5X＝370
X＝74

㉘ 解答：30万人

F市の年間利用者数をX万人とする。
A市～E市について、人口と年間利用者数の和から蔵書数を割ると、次のとおりになる。
A市…(6＋14)÷10＝2
B市…(10＋26)÷12＝3
C市…(8＋20)÷28＝1

D市…$(9+21)\div 15=2$
E市…$(15+39)\div 18=3$
これは、2、3、1、2、3……という法則となっている。
したがって、F市の場合、人口と年間利用者数の和から蔵書数を割ると1になることが推測される。
$(12+X)\div 42=1$
これを解くと、
$12+X=42$
$X=30$

㉙ 解答：230台

A社製～D社製について、いずれも定価とセール時の価格の差を100で割った数値が販売実績に一致している。
A社製…$(125{,}000-98{,}000)\div 100=270$
B社製…$(138{,}000-108{,}000)\div 100=300$
C社製…$(119{,}000-99{,}000)\div 100=200$
D社製…$(150{,}000-118{,}000)\div 100=320$
したがって、E社製の販売実績は、
$(123{,}000-100{,}000)\div 100=230$

第4章

言語
GAB形式

出題形式

600字前後の長文を読み、設問文が本文の論理に沿っているかを判定する形式のテスト。

●合計36問。長文が9題あり、それぞれについて4つの問題が出題される。制限時間は15分。

※合計32問（長文が8題あり、それぞれに4問、制限時間15分）のタイプや、合計52問（長文が13題あり、それぞれに4問、制限時間25分）のタイプが実施されることもある。

ポイント

◎3つの選択肢は以下のように読み替える。

選択肢		考え方
A：本文の論理から明らかに正しい	➡	設問文が正しいといえる根拠が本文にある場合はAが正解
B：本文の論理から明らかに間違っている	➡	明らかに間違っているといえる場合はBが正解
C：問題文の内容からだけでは論理的に判断できない	➡	正しいとも間違っているともいえない場合はCが正解

◎設問の根拠が本文にあるかどうかで選択肢を決める。

◎あくまでも文章内の論理を大前提にして判断すること。

◎先に設問文を読み、設問文中のキーワードを本文中から探していくと速く解ける。

◎1長文4問にかけられる時間は1分40秒程度なので、練習問題で時間配分のシミュレーションをしておこう。

練習問題

➡ 答えは152ページ

【問題1】

以下の本文を読んで、設問文1つ1つについて以下のA、B、Cのいずれに当てはまるかクリックして答えなさい。

ヨーロッパやアメリカの人間と日本人との際立った違いはいろいろあるけれども、自己主張をするかしないかという点において決定的な相違があるように思われる。

ひとつの物事を決するにあたって、欧米では、議会においても、経営幹部の間でも、また国際間の交渉においても、丁々発止と徹底的に議論をする。

論理というものは、欧米の人間にとって、幼少のころから繰り返し教え込まれるので、その訓練は十分に積まれている。自分が正しいということを証明するためには、論理をもって正しいと証明しなければならない。

日本に「泣く子と地頭には勝てぬ」という極めて非論理的なことわざがあるが、たとえ頑是ない子供であっても、欧米では子供の側に正当な論理がなければ親は子供を許さない。日本は紛れもない近代国家であるが、なぜか人々は議論を好まず、物事を決するに願わくば議論抜きで先へ進みたいと願う国民性がある。

おそらく、それはこの国の人々が雄弁を好まず、「寡黙をもって慎みとなし、和を以て貴しとなす」伝統を持つからであろう。

問1　議論をしない日本人は、近代国家の国民とは言えない。

○ A　○ B　○ C

問2　日本人と欧米人の大きな違いは、議論を好むかどうかである。

○ A　○ B　○ C

問3　欧米人は、日本人よりも、子供に対して厳しく接する。

○ A　○ B　○ C

問4　日本では、論理よりも情緒が重視される傾向がある。

○ A　○ B　○ C

A　文脈の論理から明らかに正しい。または正しい内容を含んでいる。
B　文脈の論理から明らかに間違っている。または間違った内容を含んでいる。
C　問題文の内容からだけでは、設問文は論理的に導けない。

【問題2】

以下の本文を読んで、設問文１つ１つについて以下のA、B、Cのいずれに当てはまるかクリックして答えなさい。

雄略天皇が自分に求婚しにやって来たのを見て、春日の袁杼比売は岡の辺りに隠れてしまった。天皇は歌を詠み、「多くの金すき（金属製のすき）があれば、岡を掘り起こして娘を探し出そうものを」と言って嘆いたという。この話の少しあとに、袁杼比売が天皇に酒を奉り、二人はたがいに歌を詠みあったという意味の記述がある。そう記述することによって、天皇は結果的に袁杼比売を獲得することができたと語ったのだろう。

この伝説に見られるように、男の求婚を女が一度は「否び」、そしてどこかに「隠ぶ」、という一連のモチーフがあった。そのモチーフに、「印南」の別嬢に景行天皇が求婚したという話が結び付いて成立したものが、「なびつま島」の伝説なのである。

別嬢の飼っている犬が、別嬢が逃げて行った島に向かって吠えたので、天皇は彼女がその島にいることを知ったという話は、設定にやや無理があると感じられる。ここに出ている「犬（いぬ）」もまた「印南」「否び」の二語と類似する音韻をもつ語だから、やはり二語からの音韻的な連想によって話のなかに入り込んだものだと考えてよさそうである。「印南」「否ぶ」「犬」などには語頭にイがあり、「隠ぶ」にはそれがないが、音韻面で完全に一致する語どうしでなくても、類似の音韻をもつ語どうしであれば、一方から他方へ連想がはたらいた。こうした連想を反映するのは、まさに「古代の口がたり」の顕著な特徴である。

無文字の時代、つまりものごとを口から耳へというかたちで伝達する口承の時代では、語り手の発することばがすべてである。話の聞き手は、自分が実際に耳にした語り手のことばから、さまざまなことを連想し想像する。語り手の口から出てくる印象の強いことばは、聞き手の耳にずっと残り続ける。そして、聞き手の脳裏では、一つのものから次々と連想が発展していくということが起こる。その結果、同じ聞き手があとで話を人に語り聞かせる時には、自分が連想し想像したものを話のなかに取り込んでいくことになる。口承の世界は、聞き手・語り手の連想・想像がきわめて活発にはたらく世界なのである。

問5　口承の伝説には、伝承に関わった人々の連想が反映されている。

○ A　○ B　○ C

問6　口承では、聞き手・語り手によって話が変化してしまうため、文字による伝達の方が正確で良い。

○ A　○ B　○ C

問7　「なびつま島」の伝説に登場する「犬」のエピソードは、文字に起こされた時に加わった。

○ A　○ B　○ C

問8　印象の強いことばを使うことが、伝承が長く残るための鍵となっている。

○ A　○ B　○ C

A　文脈の論理から明らかに正しい。または正しい内容を含んでいる。
B　文脈の論理から明らかに間違っている。または間違った内容を含んでいる。
C　問題文の内容からだけでは、設問文は論理的に導けない。

【問題3】

以下の本文を読んで、設問文１つ１つについて以下のA、B、Cのいずれに当てはまるかクリックして答えなさい。

私たちは、人の道とか芸の道とかいわれれば、はっきりとはわからなくても、何となくわかります。しかし、それを欧米人に説明することは多分できないでしょう。

どんな“道”についてもいえることですが、そこには「これこれの理由でこうしなさい」という言葉による説明がないことです。

たとえば、芸の道のひとつである落語。師匠が、弟子に理論を教えるわけではありません。むしろ、何も教えません。弟子は、師匠のすることをみて、マネをしていきます。呼吸のリズムやタイミング、間などを勉強していくわけです。

それは、言葉を介さないことが大事なのです。いわゆる、頭で覚えるのではなく、身体で覚えていくのです。それゆえ、口調から仕草までだんだんと師匠に似てくるのです。

師匠のすることをみて、集中することによって、学んでいく形が日本の“道”というものの根本にあるということです。

日本が“道”であるのに対して、西洋は“ルール”です。ルールというのは、すべて言葉で説明されます。「これこれしかじかの理由で、これをしてはいけない」あるいは、「こうしなければならない」というふうに作られています。

したがって、理屈に合わないことや、別の問題が生じれば、新たなルールを作りだします。そこに問題があれば、また新たにという具合に細分化され、次々に作りだされるのがルールというものです。

問9　「ルール」と「道」は、根本的には同じものである。

◯ A　◯ B　◯ C

問10　「道」は、細分化されることはない。

◯ A　◯ B　◯ C

問11　言葉による説明は、「道」の習得をするには不必要である。

◯ A　◯ B　◯ C

問12　日本では「道」という考えがあったからこそ、芸事が発展してきた。

◯ A　◯ B　◯ C

A　文脈の論理から明らかに正しい。または正しい内容を含んでいる。
B　文脈の論理から明らかに間違っている。または間違った内容を含んでいる。
C　問題文の内容からだけでは、設問文は論理的に導けない。

【問題4】

以下の本文を読んで、設問文1つ1つについて以下のA、B、Cのいずれに当てはまるかクリックして答えなさい。

おしべ、めしべをもつ両性花を咲かせる植物たちも、できるだけ自分の花粉を自分のめしべにつけたくない。それゆえ、それを避けるための工夫を凝らし、巧妙なしくみを身につけている。その代表的なものが、「雌雄異熟」というものである。すなわち、一つの花の中にあるおしべとめしべの熟する時期をずらして、同じ花の中では受粉、受精が起こらないようにしている。

たとえば、モクレンやオオバコのめしべは、おしべより先に熟し、おしべが成熟して花粉を出すころには、萎れてしまっている。これとは逆に、キキョウ、ユキノシタやホウセンカのおしべは、めしべより先に熟して花粉を放出する。そのため、めしべが成熟して受精可能な状態になったときには、まわりのおしべには花粉がなくなっている。

おしべとめしべの成熟が同じ時期に起こる植物でも、自分の花粉が自分のめしべについたときには、受精が成立せず、種子ができないものがある。この性質を「自家不和合性」と呼ぶ。この性質をもつ植物では、めしべに自分の花粉が付着しても、受精が成立しない。しかし、他の植物体の花粉がついた場合には、受精が成立し、種子ができる。植物たちは、自分の花粉と他の花粉を識別するのだ。アブラナ科やキク科、ナス科やマメ科などの植物が、この性質をもっている。

栽培果樹であるリンゴ、ナシ、ブドウなども、自家不和合性である。これらの果樹では、優良品種は挿し木や接ぎ木で増やされることが多い。それゆえ、株が違っても、一本の植物からの分身である。そのような場合には、すべての株が遺伝的な性質は同じであり、株が違っても、自家不和合性のために受精が成立しない。

植物にとっては自家不和合性という性質は、近親交配を防ぎ、植物種を守るのに都合がいい。しかし、栽培者には都合が悪い。すなわち。果樹園内に同一品種(たとえば、リンゴの「ふじ」やナシの「長十郎」など)だけを植えると自家不和合性で結実しない。そのため、収穫量を上げるためには、わざわざ他品種の株を植えておかねばならない。あるいは、他の品種の花粉を集めてきて、人工的に花粉をかけなければならない。

問13　同一植物内で受精することは植物種を守る上で悪影響を与える。

○ A　○ B　○ C

問14　両性花植物にとって、根が違うことが受精を成立させる要因であるといえる。

○ A　○ B　○ C

問15　同一品種の栽培は、収穫量を増やすための試みである。

○ A　○ B　○ C

問16　「雌雄異熟」と「自家不和合性」は、共に同一植物内では受精が成立しない性質のことである。

○ A　○ B　○ C

A　文脈の論理から明らかに正しい。または正しい内容を含んでいる。
B　文脈の論理から明らかに間違っている。または間違った内容を含んでいる。
C　問題文の内容からだけでは、設問文は論理的に導けない。

【問題5】

以下の本文を読んで、設問文１つ１つについて以下のA、B、Cのいずれに当てはまるかクリックして答えなさい。

科学が人類に与えた恩恵がどんなに大きなものであるかを認めないのは恩知らずといえよう。ほんのちょっと前には少数の人々の特権になっていた恩恵や特典を、無数の人々が利用できるようにしたのだ。科学は栄養失調、飢餓、病気がいかに克服しうるかを示してきた。また、過去においては、ごくわずかの人々にしか開放されていなかった学問、経験、娯楽などの分野が現在では無数の人々に開放されている。

現代科学の恩恵はしかし悪用することもできるのである。自動車はビジネスを容易にし、多くの人々に無邪気な楽しみを与えている。しかし、自動車は道路を死人や瀕死の人で埋め尽くすことも出来る――イギリスだけでも年間に20万人以上の死傷者が出るのだ。映画は「魔法の扉」を開く教養と娯楽の一手段だが、俗悪や誤った価値観を伝える経路にもしばしばなるのである。ラジオは一瞬で世界を結ぶことができるが、嘘の広告ともなりうるのである。飛行機は旅行を迅速なものにし容易にするが、破壊の兵器にもなりうるのである。

科学の用途の二局面は、破壊の目的に用いられたり、終局的には人間を貧困にすることになる完全な発見や、発明を行うことが道徳的にどこまで正当化されるかについて鋭く疑問を投げかけるのである。この疑問は、科学者が今日直面するジレンマと私は考える。

問17　科学が悪用されるのは軍需産業など特殊な場合が多く、一般的には恩恵の方が大きい。

○ A　○ B　○ C

問18　道徳的側面から科学に疑問の目が向けられる時、科学者は自己のアイデンティティー崩壊の危機に直面するといえる。

○ A　○ B　○ C

問19　科学は誰にでも公平に利益をもたらす手段を持ってきた。

○ A　○ B　○ C

問20　自動車事故や公害など、科学が生み出した弊害は、意図して起きたことではなく必要悪といえる。

○ A　○ B　○ C

A　文脈の論理から明らかに正しい。または正しい内容を含んでいる。
B　文脈の論理から明らかに間違っている。または間違った内容を含んでいる。
C　問題文の内容からだけでは、設問文は論理的に導けない。

【問題6】

以下の本文を読んで、設問文1つ1つについて以下のA、B、Cのいずれに当てはまるかクリックして答えなさい。

自然世界はたまに偶然という名のいたずらでわれわれ人間を翻弄する。人間世界はもっと始末が悪い。それは、常に騙しによって組織を翻弄する。組織は、隙あらば欺き、出し抜こうとしている人間世界にいるのだ。騙しのテクニックも、謀《たばか》り事を秘匿するかと思えば偽装をリークするというように手がこんでいる。

このような世界にあっては、組織が目前の変化を一過的なものか傾向的なものかを適切に判別するのはむずかしい。ライバル組織の些細な変化やちょっとした動きは、わが組織を陥れるワナなのか、本音を隠すための偽装か、あるいは本音の表れなのか？　これを適切に判定するのはむずかしい。

傾向的なものと一過的なものを適切に見分けることができれば、それだけで多くの問題の過半が解決されたといえるのである。

推理小説のいかに鋭い読み手でも、駆け出しの刑事にさえかなわない。推理小説にはどんなミステリアスな事件でも、「気づかれるべきもの」、つまり本章でいう傾向的変化が必ず何らかの形で輪郭づけられている。それに対して、現実の事件現場や状況にはそうしたサービスが一切ない。刑事の最初で最大の仕事はその「気づかれるべきもの」への気づきなのである。現実の経営者とビジネススクールのケース・スタディで最優秀の学生とは“月とスッポン”なのである。

もっとも、組織の環境想造力ということを考慮に入れれば、一過的か傾向的かの判別にあまり神経質になるには及ばないのかもしれない。目前の変化を傾向的と判定したならば、組織はそれを実際に傾向的な変化にしてしまえばよいのである。とはいえ、そうするためには、その判定がもっともらしくて、組織に一定の強制力がなければならない。

問21　現実の経営者は、傾向的変化への気づきの点で、優秀な学生より優れている。

○ A　○ B　○ C

問22　実際の刑事事件は、一過的変化ではない。

○ A　○ B　○ C

問23　組織にとっては、一過的な変化よりも傾向的な変化が望ましいといえる。

○ A　○ B　○ C

問24　一過的変化が組織を翻弄するのは、それが「気づき」にくいからである。

○ A　○ B　○ C

A　文脈の論理から明らかに正しい。または正しい内容を含んでいる。
B　文脈の論理から明らかに間違っている。または間違った内容を含んでいる。
C　問題文の内容からだけでは、設問文は論理的に導けない。

【問題7】

以下の本文を読んで、設問文1つ1つについて以下のA、B、Cのいずれに当てはまるかクリックして答えなさい。

夏目漱石の『吾輩は猫である』に出てくる「猫」は、主人(「苦沙弥《くしゃみ》先生」)の後をつけて生まれて初めて銭湯というものを見る。好奇心からである。「天下に何が面白いといって、いまだ食わざるものを食い、いまだ見ざるものを見るほどの愉快はない」のである。この心境は今の我々のものと似ているだろう。そしてピラミッド状に積まれた小桶《こおけ》に身を躍らして、窓から銭湯の様子を見た。そこで猫は、およそ文明人たるものは着用せねばならない「服」を全くまとわない裸の集団を見て仰天する。「人間として着物をつけないのは像の鼻なきが如く、学校の生徒なきが如く、兵隊の勇気なきが如く全くその本体を失している」のであるが、今まさに眼下に全く倒錯した世界を見てしまった。それは「まるで化物に邂逅《かいこう》したよう」な「奇観」であった。

しかし「猫」は、その全く「倒錯した世界」を目の当たりにしても冷静である。「吾輩は文明の諸君子のためにここに謹んでその一般を紹介するの栄を有する」として冷静に状況を観察し、これを記述するのである。単に目に見えるだけの現象のみならず、そこに繰り広げられる狂態の渦中にある人々(特に苦沙弥先生の)真鍮の動きまで冷静に分析してみせる。『吾輩は猫である』のこの名前のない猫は、全くこのような冷静で鋭い観察眼がその特徴であり、それがこの小説の面白さの一つである。しかし「猫」の真骨頂は観察眼や分析能力だけではない。観察から得られたものを、なにがしかの「真理」まで高めるという極めて高邁な能力にも恵まれている。銭湯で繰り広げられる「倒錯した」人間の狂態から、猫は「平等はいくらはだかになったって得られるものではない」という真理に至るのである。

「およそ文明人たるもの」、いや「およそ数学たるもの」という考え方からしたら「化物」のように倒錯したものに出くわしても、我々はこの「猫」のように冷静でありたいものである問25　観察から得られたものを真理にまで高める能力については、人間の方が優れている。

○ A　○ B　○ C

問26　「猫」は、裸の集団内の人々の気持ちに賛成できない。

○ A　○ B　○ C

問27　夏目漱石は社会を客観的に見つめ、それを人々に伝えようとした。

○ A　○ B　○ C

問28　現代人は好奇心旺盛である。

○ A　○ B　○ C

A　文脈の論理から明らかに正しい。または正しい内容を含んでいる。
B　文脈の論理から明らかに間違っている。または間違った内容を含んでいる。
C　問題文の内容からだけでは、設問文は論理的に導けない。

【問題8】

以下の本文を読んで、設問文1つ1つについて以下のA、B、Cのいずれに当てはまるかクリックして答えなさい。

忙中閑あり、という言葉があるが、私はむしろ、実態としては、忙即閑、閑即忙というのが、いい仕事をしている男にも女にも当てはまるのではないかと感じている。私は気の合う人々と大勢で酒を飲むのが好きだが、もし皆がそんな時に「ああ気持ちがいい、眠くなったから寝るよ」と呟いてあちらでもこちらでも寝入ってしまったら、これをどう呼んでいいかわからない。これが憩いの時というものだろうか。

もし酒を酌み交わす一刻を憩いの時と呼べるなら、真に楽しい憩いの場とは、皆が元気よく喋りまくっている場のことだろう。あれはあれで結構多忙ですよね。それでいて草臥《くたび》れたりはしないのだ。ああ、よき憩いの一刻をわれらは共にした、と春宵一刻値千金を惜しみつつ、相別れてゆくのだ。

閑暇と多忙を対立させて考えるのは、それこそ考えものではなかろうか。そう思うにつけ、私は脳裡にいつも正岡子規の文章の一節を思い起こす。『病牀六尺』二十一。

「余は今迄禅宗の所謂《いわゆる》悟りといふ事を誤解して居た。悟りといふ事は如何なる場合にも平気で死ぬる事かと思つて居たのは間違ひで、悟りといふ事は如何なる場合にも平気で生きて居る事であつた。」

カリエスで背中にいくつも穴があき、モルヒネを通常の倍も三倍も必要とするほどの苦痛にたえず襲われながら、子規は死ぬ前日まで口述ででも仕事をし続けた。三十代半ばで死んだが、彼の当時の文章に頻出する語は「愉快でたまらなぬ」というものだった。今日の仕事が出来ることが、彼にとっては今日の命の証であり、それがそのまま大量の閑暇と愉快の源泉だった。

「息抜き」という言葉がある。閑暇とか余裕という言葉と地続きの語だが、息抜きをすることがそういう心の状態を意味するなら、その前提として、「息が詰まっている」状態があるわけだろう。息が詰まりっ放しになれば死ぬほかない。だから息抜きをする。これは生体にとって最も重要な条件である。けれども、息を抜きっ放しにすればこれまた死を意味する。息を詰めて何ものかに立ち向かうことと、息を抜いてぐったりすることと、その交替があってはじめて人間は生き生きしていられる。忙と閑との関係もこのような交互作用そのものだろう。

問29　閑と忙は、対極的なものではない。

○ A　○ B　○ C

問30　楽しく仕事をすれば、いい結果が残せる。

○ A　○ B　○ C

問31　病を持っている人は、概して息を詰めている時間が長い。

○ A　○ B　○ C

問32　憩いのひとときは、時にくたびれてしまうこともある。

○ A　○ B　○ C

A　文脈の論理から明らかに正しい。または正しい内容を含んでいる。
B　文脈の論理から明らかに間違っている。または間違った内容を含んでいる。
C　問題文の内容からだけでは、設問文は論理的に導けない。

【問題9】

以下の本文を読んで、設問文1つ1つについて以下のA、B、Cのいずれに当てはまるかクリックして答えなさい。

樹のたとえは、遺伝的な要因と環境的な要因との関連を考えるうえで便利である。それぞれの樹には、それぞれのポテンシャルが備わっている。それぞれの持ち味がある。端的に言うなら、杉の樹は杉の樹に、松の樹は松の樹に、ポプラの樹にはポプラの樹にしかならないのである。杉の種から、松の樹を育てようとしても、それは土台無理な話である。遺伝子操作やその他の科学技術が飛躍的に向上すれば、ことによるとそうしたことが可能になるかもしれないが、しかし一般的には、杉の樹は杉の種から生まれる。

したがって、教育という観点からすれば、その子の持ち味、その子の個性を的確に見極めることがきわめて重要になってくる。そして、その子にあった働きかけ、その子にあった環境を用意することが大切になってくるのである。

もう一点指摘しておきたいことは、樹はグループで育つということである。林や森のイメージである。単独でも育たないことはないが、自然状態にあっては、やはり樹は集団で育つものであり、またその方が強い。樹が一本で生えている状況を思い浮かべていただきたい。ポツンと一本だけ立っている樹は、台風や洪水といった自然災害に遭遇したら、ポキンと折れてしまう可能性が高いだろう。また、周囲に同種の樹が生えていないような環境は、えてして「人工的」な環境でありがちであり、そこでは「一人前」の樹になるまでに出会う困難の数は相対的に多くなるだろう。

子どもは、集団のなかで育つものである。学力も、そうだと思う。周囲の人々との人間関係や仲間たちとの切磋琢磨を通じてこそ、学力の樹は適切に成長するものではないだろうか。仲間がともに育ち、伸びるような教育環境を提供すること。これこそが、子どもたちの学力を育てるための基本条件だと思われる。

問33　もともとの持ち味に関わらず、優れた環境を用意すれば、子どもの学力は適切に成長する。

○ A　○ B　○ C

問34　大勢のなかで切磋琢磨することによって、遺伝的な要因を克服することができる。

○ A　○ B　○ C

問35　一人前の大人になるには、集団のなかで育つ時間が長い方がよい。

○ A　○ B　○ C

問36　子どもの適切な成長には、遺伝的な要因よりも環境的な要因が重要である。

○ A　○ B　○ C

A　文脈の論理から明らかに正しい。または正しい内容を含んでいる。
B　文脈の論理から明らかに間違っている。または間違った内容を含んでいる。
C　問題文の内容からだけでは、設問文は論理的に導けない。

【問題10】

以下の本文を読んで、設問文1つ1つについて以下のA、B、Cのいずれに当てはまるかクリックして答えなさい。

ネット上でコミュニケーションしている状態を、一種の夢を見ている状況とみなすのは、単なる比喩にとどまるものではない。ふつう夢を見るのは睡眠中と相場が決まっているように思われるかもしれない。他方、うつつとは覚醒《かくせい》しているときだ、と。だがそもそも、人間の興奮レベルは単純に覚醒しているか、眠っているかに二分できるものではないことが、最近の研究から明らかにされてきている。覚醒の水準は何段階にも分かれる。

ふだん目ざめていると考えられる状態でも、その程度はさまざまであるし、同じことは睡眠にもあてはまる。そして簡単に書くと、夢を見るとは、私たちが覚醒しているような、それでいて眠っているような、境界状態で生起する知覚現象である。

正確に書くと、見た夢をそののちも覚えているのは、眠りと目ざめのはざまに知覚体験があった際のことが圧倒的である、とされている。だから時として人間は、白日夢というようなものすら味わう。

逸話として有名なのは、山奥で修行している若い禅僧の話かもしれない。禅師《ぜんじ》に公案《こうあん》を与えられて、瞑想《めいそう》している。一心不乱に考えるあまり、夜間でさえ睡眠をとらないまでにいたっていた。周囲は、あくまで静かである。心を刺激するものが皆無に近い。

するとやがて、眼前に存在しないはずのイメージが見えるようになったり、あるいは聞こえるはずのない音が耳に届いたりするようになるという。

外界からの働きかけがないにもかかわらず知覚が生ずる。むろん本人は目ざめている。一心不乱に思考しているのだから、ボーッとしているのではなく、意識の集中度はたいへん高い。それでも、いわゆる幻覚作用が発生することはあるのだ。むしろ集中しているからこそ、白日夢が体験されるともいえるらしい。

問37　幻覚は知覚であるといえる。

○ A　○ B　○ C

問38　白日夢を見るためには、若い禅僧のように一心不乱に瞑想を行うことが必要である。

○ A　○ B　○ C

問39　ネット上でコミュニケーションしている状態は、公案を与えられた若い禅僧に等しいといえる。

○ A　○ B　○ C

問40　人は眠りと目ざめのはざまの状態でなくても夢を見る。

○ A　○ B　○ C

A　文脈の論理から明らかに正しい。または正しい内容を含んでいる。
B　文脈の論理から明らかに間違っている。または間違った内容を含んでいる。
C　問題文の内容からだけでは、設問文は論理的に導けない。

【問題11】

以下の本文を読んで、設問文1つ1つについて以下のA、B、Cのいずれに当てはまるかクリックして答えなさい。

おまえの経験に基づいた思想の、いちばん最初の出発点はなんだ、ときかれたならば、私は、「内面的促し」ということばでしかいえません。なぜ私がフランス語などをやるようになり、なぜフランス語をさらに深めようとしてフランスへ渡るようになり、なぜフランスにいるうちにそれをもっと深めようとしてフランスにいつくようになり、そうしてそこで、自分のある思想を発展させるようになったかというようなこと、これは何とも説明できないことです。ですから、それらの根本にあるものを内面的促しと呼んでいるのです。

しかしよく考えてみると、その内面的促しというのは、自分がかってにつくったものではなくて、あるいはまた、偶然そこにあるものではなくて、私に先立つすべてのものが内面的促しという形で私の中にあらわれてくる。ですから、そこにまず私は、伝統に対する手がかりをさがしたいと思うのです。

つまり、内面的促しというのは、自分では気がつかない形で、自分に先立つところの、すでに存在している文化が、私にある方向へ向かうオリエンテーションを与えてくれることなのです。それは自分だけのオリエンテーションではない。自分を越える、伝統的・社会的なオリエンテーションというものが自分を通して働いている。そういうものとしての内面的促しというものを考えてみたのです。それに、どうしてもそれ以外には、伝統というものはありえないと思うのです。

結局、私の思想のすべての出発点になっている野辺地天馬先生の『旧約物語』も、私にとってはいちばん深い意味の伝統です。あるいは、旧約聖書から新約聖書、ギリシアの世界、それから、ヨーロッパの世界を通って今日まで来ている、ヨーロッパの3千年以来の伝統です。ですから、伝統が働く第一の直接の場所は、その「内面的促し」というところだと思うのです。伝統は、そういう形でわれわれの中に働いてくる。

問41　どんな人も、伝統と無縁で生きることはできない。

○ A　○ B　○ C

問42　内面的促しとは、自分の中で独自に生み出されるものである。

○ A　○ B　○ C

問43　人の行動は、内面的促しによって導かれる。

○ A　○ B　○ C

問44　旧約聖書は、古いヨーロッパの伝統を伝える唯一の書物である。

○ A　○ B　○ C

A　文脈の論理から明らかに正しい。または正しい内容を含んでいる。
B　文脈の論理から明らかに間違っている。または間違った内容を含んでいる。
C　問題文の内容からだけでは、設問文は論理的に導けない。

【問題12】

以下の本文を読んで、設問文1つ1つについて以下のA、B、Cのいずれに当てはまるかクリックして答えなさい。

誰もが子供の頃に親から「嘘をついてはいけません」と教えられたと思う。これは、大抵の親がまず最初に行う教育だろう。「嘘つきは泥棒のはじまりだ」という言葉のように、嘘はつくなという教えは教育の第一歩だからだ。もちろんそう言っている親も同じように育てられてきたわけなのだが、どんなロクデナシでも、人の親になった時に、子供に対する教育の第一歩として、子供に「嘘はつくんじゃない」と言う。その刷り込みが非常に強いため、嘘というのは悪いこと、という意識をみんなが持っているのではないだろうか。

だが、そう言われたところで、実践できるのは子供の頃だけである。成長するに従い、どんどん世の中が分かってきて、現実の生活において嘘というものが方便であると理解し始める。それが人間としての成熟度のようなもので、嘘というものを自分なりに咀嚼していく。そうして人間は狡猾になっていくのだ。

それでもやはり最初の教育の成果として、潜在的に嘘への罪悪感があるから、どんな些細なものであっても自分が嘘をついているという自覚が芽生える。しかし、「これくらいだったら許されるはずだ」という判断ができさえすれば、気が楽になることも次第に分かってくる。その反対に許されない嘘をついていると自分で判断した時には、ものすごい罪悪感を覚えることになる。

結局、ついてはいけない嘘の判断というのは自分の中でしかできないものなのだ。

問45　子供の頃は、嘘の判断基準を持っていない。

○ A　○ B　○ C

問46　「嘘をついてはいけません」という教えは必要である。

○ A　○ B　○ C

問47　大人になってから感じる嘘への罪悪感は、親からの刷り込みを基準としている。

○ A　○ B　○ C

問48　大人は皆、狡猾である。

○ A　○ B　○ C

A　文脈の論理から明らかに正しい。または正しい内容を含んでいる。
B　文脈の論理から明らかに間違っている。または間違った内容を含んでいる。
C　問題文の内容からだけでは、設問文は論理的に導けない。

【問題13】

以下の本文を読んで、設問文１つ１つについて以下のＡ、Ｂ、Ｃのいずれに当てはまるかクリックして答えなさい。

日本人は、自己の確立のために安定的な役割構造を希求する傾向が強い。しかし現実には、固定的役割構造では外部環境の変化に十分に対応できない場合が多い。日本人は環境の変化に、基本的役割構造の変更を意味する「制度の変更」で対応するのではなく、既存の役割構造を維持しつつ変化に対応する「柔軟な運用」を志向する傾向が強い。運用の幅が役割構造を維持する緩衝材になるのである。

それゆえ組織における日本人の働き方は、欧米人と大きく異なっている。仕事(業務、職務)を四角であらわすと、決められた(いわれた)こと以外はしないという勤務態度は、その内接円で仕事をすることと表現できる。いわれたこと以外もする(そもそも決められた業務自体が曖昧)という勤務態度は外接円で仕事をすることと表現できる。欧米や中国は、明らかに内接円で仕事をする社会である。一方、いわれたことしかしないと怒られる日本は明らかに外接円で仕事をする社会である。「いわれたらなんでもするのか？　死ねといわれればおまえは死ぬのか？　少しは、自分で考えろ」である。

外接円の場合は内接円と異なり、他の人との重複が出るので柔軟な運用が必要になる。一方で内接円に重複はないが、円と円をつなげる取り決めが必要になるので明確なルールが必要になる。この違いが、運用社会と制度社会の違いの根幹にあることは、十分に理解しておく必要がある。運用の柔軟性こそが日本の強さであり、最近脚光を浴びている「擦り合わせ」を可能としていることを忘れてはならない。

問49　制度の変更を行う社会でも、人びとは自己確定のための安定的な役割構造を求めている。

○ A　○ B　○ C

問50　環境の変化へ対応するには、制度社会より運用社会のやり方のほうが優れている。

○ A　○ B　○ C

問51　日本の強さは、基本的な組織構造を柔軟に変化させてきたことにある。

○ A　○ B　○ C

問52　「柔軟な運用」も、「制度の変更」も、基本的な役割構造を維持するための手段である。

○ A　○ B　○ C

A　文脈の論理から明らかに正しい。または正しい内容を含んでいる。
B　文脈の論理から明らかに間違っている。または間違った内容を含んでいる。
C　問題文の内容からだけでは、設問文は論理的に導けない。

【問題14】

以下の本文を読んで、設問文１つ１つについて以下のA、B、Cのいずれに当てはまるかクリックして答えなさい。

日本の美術史研究家によれば、日本の工芸品に一貫して見られるのは、飾り立てて美しく見せようとする“かざり”志向だという。製品が持つべき機能性・耐久性を備えるだけに止まらず、模様や絵をつけたり、飾り物を取りつけたりして美しい仕上げにしようとする志向だ。この志向は一万年も前の縄文土器にすでに見られるという。

“かざり”志向の消極的側面は醜さを見せないことである。傷・汚れや変形・隙間があってはならないし、美的意図によらない不用意なむら・不揃いなどがあってはならない。

自分の分身のような愛しむべきものを作りたいという心理が作り手の“かざり”志向の根底にあると見ることができる。そのような心のこもった製品を買った人は大きな魅力を感じ、愛着を持って使うことになる。このような経験は誰でもしていると思う。日本では、美しい外観をしているものは品質も良いものであり、また、品質が良いものは美しい外観をしているものだという固定概念ができているが、これは“かざり”志向の中で醸成されたものだと思う。一般大衆が近年に見せるハイグレード品好みは、何も降って湧いたものではなく、心の中に潜んでいた“かざり”志向が経済的ゆとりを持つようになって顕在化してきた結果と見ることができよう。

考えてみると、“かざり”志向は人間にとって基本的な志向であり、程度の差こそあれ、どこの国にも見られるものだ。世界各国共通の典型的なものは何といっても女性の衣装に対する“かざり”志向であろう。日本の“かざり”志向の特殊性は、ほとんどあらゆる製品が対象となっていることだ。美しいデザインや肌理細かな仕上げの製品の具備すべき重要な要素となる。特に自動車などは、この出来具合が売れ行きに大きく影響する程だ。日本人のこのような“かざり”志向は、日本市場への参入やシェア拡大をもくろむ外国企業が、「日本の消費者は過剰品質を要求する」と受け取る遠因になっているかも知れない。

問53　日本人は、一万年前から、“かざり”志向を持っていた。

○ A　○ B　○ C

問54　美しいものは、心がこもっている製品である。

○ A　○ B　○ C

問55　日本の一般大衆は、経済的にゆとりがなかった時代にもハイグレード品を好んだ。

○ A　○ B　○ C

問56　高価なものであればあるほど、外観は重視される。

○ A　○ B　○ C

A　文脈の論理から明らかに正しい。または正しい内容を含んでいる。
B　文脈の論理から明らかに間違っている。または間違った内容を含んでいる。
C　問題文の内容からだけでは、設問文は論理的に導けない。

【問題15】

以下の本文を読んで、設問文1つ1つについて以下のA、B、Cのいずれに当てはまるかクリックして答えなさい。

人間は、生まれたばかりのころは、他人に依存しなければまったく生活できません。そして依存することは、結局は所属するということです。赤んぼうは母親に依存しなければ生きられません。母親は“この子は私のもの……”といういいかたをしますが、これは、依存と所属の関係を示す具体的な例といってよいでしょう。人間は、最初に家族という集団に所属します。またいやおうなしに一つの集団に所属することは、同時に人間がその集団を通して、いっそう広範囲の集団に自動的に所属していることを意味します。

さらに人間は成長するにつれて、いろいろな集団とかかわりあいをもつようになってきます。つまり児童期では、遊びなかま、級友といった集団ですが、青年期になると、いろいろなクラブ、さらに成人となっては、職業上、社交上の集団・組合というように、数多くの集団に加入せざるをえなくなります。

前に述べたように集団とは、ふたりあるいはふたり以上の人が、共通の興味・関心をもっているところに成り立つものですが、この共通の関心は、国民・宗教・政党のような大きな集団にもあてはまることです。

社会学者は、このような大きな集団は、クラスという語を用い、人間と人間とが直接的に接触する親密な集団には、グループという語を多く用います。

かつて心理学者たちは、「集団精神」というものが存在すると考えていました。集団には集団精神があって、単一の目的を追うと考えられます。たとえばリンチが行われる場合、群衆の中のひとりひとりは、個性を失ってロボットと化します。暴徒は、集団精神によって行動すると考えました。今日では、心理学者たちは、集団精神の概念を否定しています。

問57　一つの集団に所属するということは、さらに大きな他の集団とかかわりをもつことでもある。

○ A　○ B　○ C

問58　集団精神に導かれる集団は暴徒となる。

○ A　○ B　○ C

問59　人間が集団に所属せずに生きていくことは困難だ。

○ A　○ B　○ C

問60　本人の意思とは関係なく、人は集団というものに巻き込まれる。

○ A　○ B　○ C

A　文脈の論理から明らかに正しい。または正しい内容を含んでいる。
B　文脈の論理から明らかに間違っている。または間違った内容を含んでいる。
C　問題文の内容からだけでは、設問文は論理的に導けない。

練習問題　解答（123～151ページ）

【問題1】

問1　解答：C

この文章は、欧米人と日本人の自己主張の相違について書かれているが、「議論をしない日本人は、近代国家の国民とは言えない」とはどこにも書かれていない。よって、Ｃが正解。

問2　解答：A

欧米では幼少のころから議論をすることを叩きこまれるが、日本では人々は議論を好まないと書かれている。正しい内容なので、Ａが正解。

問3　解答：C

第３段落に「論理というものは、欧米の人間にとって、幼少のころから繰り返し教え込まれる」とあり、第４段落に「日本に『泣く子と地頭には勝てぬ』という極めて非論理的なことわざがあるが、たとえ頑是ない子供であっても、欧米では子供の側に正当な論理がなければ親は子供を許さない」とある。
以上より、自己主張の徹底という意味では、欧米では子供に厳しそうであるという側面があるものの、一般的に欧米人は日本人より子供に厳しく接するとはどこにも書かれていない。よって、Ｃが正解。

問4　解答：A

第４段落の終わり以降に、「日本は紛れもない近代国家であるが、なぜか人々は議論を好まず、物事を決するに願わくば議論抜きで先へ進みたいと願う国民性がある。おそらく、それはこの国の人々が雄弁を好まず、『寡黙をもって慎みとなし、和を以て貴しとなす』伝統を持つからであろう」と書かれている。
この文章から見て取れるのは、日本では自己主張をせず、極力争いをさけることが良しとされ、その姿勢は論理的とは正反対であり、むしろ情緒的であると言える。よって、問題文は正しいと言えるので、Ａが正解。

【問題2】

問5　解答：A

第４段落全体を通して「口承の伝説には、伝承に関わった人々の連想が反映されている」ということが書かれているので、Ａが正解。

問6　解答：C

最後の文に「口承の世界は、聞き手・語り手の連想・想像がきわめて活発にはたらく世界なのである」と書かれてはいるが、「文字による伝達の方が正確で良い」という筆者の意見は書かれていない。よって、Cが正解。

問7　解答：B

「なびつま島」の伝説に登場する犬のエピソードは第3段落に書かれていて、その最後の文に「こうした連想を反映するのは、まさに『古代の口がたり』の顕著な特徴である」とある。このことで「なびつま島」の話は口承によるものであることがわかる。よって、Bが正解。

問8　解答：C

「印象の強いことば」についての記述は第4段落に出てくるが、伝承が長く残るための鍵となっているとは書かれていない。よって、Cが正解。

【問題3】

問9　解答：C

「道」も「ルール」も、何かを学ぶ際の方法論として述べられてはいるが、根本的に同じものだとは書かれていないので、Cが正解。

問10　解答：C

「ルール」については、最終段落に「そこに問題があれば、また新たにという具合に細分化され、次々に作りだされるのがルールというもの」と書かれているが、「『道』は、細分化されることはない」という記述はないので、Cが正解。

問11　解答：A

「道」について、第4段落に「それは、言葉を介さないことが大事なのです。いわゆる、頭で覚えるのではなく、身体で覚えていくのです」と書かれている。よって、正しいので、Aが正解。

問12　解答：C

「道」についての説明として、第3段落以降で落語が例に挙げられている。しかし、「道」という考えがあったから「芸事が発展してきた」かどうかまでは記述されていない。よって、Cが正解。

【問題4】

問13 解答：A

最終段落に「植物にとっては自家不和合性という性質は、近親交配を防ぎ、植物種を守るのに都合がいい」とある。自家不和合性とはまさに同一植物内での受粉を防ぐ性質のことであり、問題文の内容と一致する。よって、Aが正解。

問14 解答：A

第3段落に「この性質をもつ植物では、めしべに自分の花粉が付着しても、受精が成立しない。しかし、他の植物体の花粉がついた場合には、受精が成立し、種子ができる。植物たちは、自分の花粉と他の花粉を識別するのだ」とあり、他の植物体であれば受粉できると書かれている。つまり、両性花植物にとって、根が違うことが受粉決定の要因となる。よって、Aが正解。

問15 解答：B

最終段落に「果樹園内に同一品種(たとえば、リンゴの『ふじ』やナシの『長十郎』など）だけを植えると自家不和合性で結実しない。そのため、収穫量を上げるためには、わざわざ他品種の株を植えておかねばならない」とあるように、同一品種だけではむしろ結実もしない。明らかに間違いなので、Bが正解。

問16 解答：B

第1段落に「その代表的なものが、『雌雄異熟』というものである。すなわち、一つの花の中にあるおしべとめしべの熟する時期をずらして、同じ花の中では受粉、受精が起こらないようにしている」とあるように、雌雄異熟とはおしべとめしべが付く時期をずらすことであり、同一植物内での受精が成立しない性質のことではない。明らかに間違いなので、Bが正解。
ちなみに、雌雄異熟、自家不和合性の両者ともに自家受精を防ぐ試みであることは共通している。

【問題5】

問17 解答：C

科学には恩恵と悪用の二面性が存在することを指摘してはいるが、実際にどちらが大きいかの比較はなされていない。よって、Cが正解。

問18 解答：A

最終段落で「科学の用途の二局面は、破壊の目的に用いられたり、終局的には人間を貧困にすることになる完全な発見や、発明を行うことが道徳的にどこまで正当化されるかについて鋭く疑問を投げかけるのである。この疑問は、科学者が今日直面するジレンマと私は考える」と書かれている。恩恵と悪用の二面性を持つ発明は道徳的に正当化されるのかを考えたとき、科学者は自分の行いに疑問を投げかけられるということであり、これは確かに科学者の自己アイデンティティーの崩壊につながる話であるといえる。よって、Aが正解。

問19　解答：A

冒頭に「科学が人類に与えた恩恵がどんなに大きなものであるかを認めないのは恩知らずといえよう。ほんのちょっと前には少数の人々の特権になっていた恩恵や特典を、無数の人々が利用できるようにしたのだ」とある。この文章から科学は多くの人類に利益をもたらしたと受け取れる。よって、Aが正解。

問20　解答：B

第２段落のはじめに「現代科学の恩恵はしかし悪用することもできる」とあり、また、第３段落のはじめに「科学の用途の二局面は、破壊の目的に用いられたり、終局的には人間を貧困にすることになる完全な発見や、発明を行う」と書かれていることから、筆者は科学を人類があくまで意図して悪用することについて論じていることがわかる。明らかに間違っているので、Bが正解。

【問題6】

問21　解答：A

第４段落の最後に「現実の経営者とビジネススクールのケース・スタディで最優秀の学生とは“月とスッポン”なのである」とあり、現実の経営者が優秀な学生より段違いで優れている旨が書かれている。何が優れているのかというと、その前の文章に「刑事の最初で最大の仕事はその『気づかれるべきもの』、への気づき」とあり、さらにその２文前に「『気づかれるべきもの』つまり本章でいう傾向的変化が……」とあることから、「気づかれるべきもの」への気づきとは、傾向的変化への気づきとわかる。よって、明らかに正しいので、Aが正解。

問22　解答：B

設問文の主旨は文中には書かれていないが、文脈からこの文を言い換えれば「実際の刑事事件は傾向的変化である」ととらえることができる。しかし、第2段落では「一過的なものか傾向的なものかを適切に判別するのはむずかしい」と書かれているので、明らかに間違い。よって、Bが正解。

問23　解答：C

組織にとって、目の前の変化が一過的なものか傾向的なものかを見極めることが大事であるとは述べられているが、傾向的な変化が望ましいとは書かれていないので、Cが正解。

問24　解答：B

一過的変化が組織を翻弄するのは、目前の変化が一過的なものか傾向的なものかが判別しがたいからである。明らかに間違いなので、Bが正解。

【問題7】

問25　解答：C

第２段落に「しかし『猫』の真骨頂は観察眼や分析能力だけではない。観察から得られたものを、なにがしかの『真理』まで高めるという極めて高邁な能力にも恵まれている」と書かれている。これは『吾輩は猫である』の「猫」の話であって、一般的に人間の方がこれより優れているかどうかは書かれていないのでわからない。よって、Cが正解。

問26　解答：C

第１段落の後半で、「猫」は銭湯内の裸の人間の集団を見て「人間として着物をつけないのは像の鼻なきが如く、学校の生徒なきが如く、兵隊の勇気なきが如く全くその本体を失している」と考えている。しかし、裸の集団に関して賛同・批判という側面でこの現象を見ていない。事実を冷静に受け止め、それに関して一定の結論を得ているだけである。よって、Cが正解。

問27　解答：C

この文章では、夏目漱石の『吾輩は猫である』に登場する「猫」の現象から真理への探求の深さを説明する筆者の感想が書かれているのみで、夏目漱石が実際に人々に伝えようとしたのかどうかまでは判別できない。よって、Cが正解。

問28　解答：C

好奇心旺盛なのはあくまで「猫」であり、現代人が好奇心旺盛かどうかは不明である。よって、Cが正解。

【問題8】

問29　解答：A

第３段落の冒頭に「閑暇と多忙を対立させて考えるのは、それこそ考えものではなかろうか」という作者の主張がなされている。これは設問文そのものであるので、Ａが正解。

問30　解答：C

文章全体を通じて、「楽しく仕事をすれば、いい結果が残せる」とはどこにも書かれていない。よって、Ｃが正解。

問31　解答：C

最終段落に、息が詰まっている状態とは忙の状態である旨は書かれているが、息を詰めている時間が長ければ病になるということは書かれていない。よって、Ｃが正解。

問32　解答：C

第２段落に「もし酒を酌み交わす一刻を憩いの時と呼べるなら、真に楽しい憩いの場とは、皆が元気よく喋りまくっている場のことだろう。あれはあれで結構多忙ですよね。それでいて草臥《くたび》れたりはしないのだ」と書かれている。楽しい憩いの場はくたびれないという。しかし、文中では憩いの場でくたびれることがあるかどうかまでは論理的に明らかになっていない。よって、Ｃが正解。

【問題9】

問33　解答：B

第２段落に「したがって、教育という観点からすれば、その子の持ち味、その子の個性を的確に見極めることがきわめて重要になってくる。そして、その子にあった働きかけ、その子にあった環境を用意することが大切になってくるのである」と書かれている。これは、設問文とは正反対の意見なので、Ｂが正解。

問34　解答：C

最終段落に「子どもは、集団のなかで育つものである。学力も、そうだと思う。周囲の人々との人間関係や仲間たちとの切磋琢磨を通じてこそ、学力の樹は適切に成長するものではないだろうか」とあり、集団のなかでこそ学力が向上するとある。これは環境的な要因であり、遺伝的な要因を克服できるとはどこにも書かれていない。よって、Ｃが正解。

問35　解答：C

第３段落に「もう一点指摘しておきたいことは、樹はグループで育つということである。林や森のイメージである。単独でも育たないことはないが、自然状態にあっては、やはり樹は集団で育つものであり、またその方が強い」とある。ここでの樹とは子ども自身のことであり、子どもは集団のなかで強くなると述べられている。しかし、時間が長い方がより強くなるかどうかまでは言及されていないので、Ｃが正解。

問36　解答：C

この文章の論旨は、「子どもの持ち味・個性は『遺伝的要因』であり、適切に伸ばす環境作りや集団への所属は『環境的要因』であり、その両者を適切に見極め実行することが子どもにとって大事なこと」である。つまり、遺伝的要因と環境的要因はセットで考えられるべきであり、どちらが大事かどうかはここでは論じられてはいない。よって、Ｃが正解。

【問題10】

問37　解答：A

最終段落に「外界からの働きかけがないにもかかわらず知覚が生ずる」とあり、そのあとに続いて「それでも、いわゆる幻覚作用が発生することはあるのだ」と書かれている。つまり、筆者は幻覚作用＝知覚だと認めている。よって、Ａが正解。

問38　解答：C

白日夢の例として山奥で修行している若い禅僧の話が出てくるが、これはあくまで白日夢を説明するための例示に過ぎず、瞑想が必要であるとは書かれていない。よって、Ｃが正解。

問39　解答：A

ネット上でコミュニケーションしている状態とは、冒頭に「一種の夢を見ている状態」と書かれている。一方、公案を与えられた若い禅僧の状況は、第３段落に「見た夢をそののちも覚えているのは、眠りと目ざめのはざまに知覚体験があった際のことが圧倒的」と書かれていて、どちらも一種の夢状態であることは確かである。よって、正しい内容なので、Ａが正解。

問40　解答：B

第２段落に「夢を見るとは、私たちが覚醒しているような、それでいて眠っているような、境界状態で生起する知覚現象である」と書かれている。設問文はこの定義からは外れているため、Bが正解。

【問題11】

問41　解答：C

第2段落後半以降の伝統に関する記述を見ていっても、「どんな人も、伝統と無縁で生きることはできない」ということは書かれてはいない。よって、Cが正解。

問42　解答：B

第2段落に「その内面的促しというのは、自分がかってにつくったものではなくて、あるいはまた、偶然そこにあるものではなくて、私に先立つすべてのものが内面的促しという形で私の中にあらわれてくる」と書かれている。これは、内面的促しが自分の中で独自に生み出されるものではないことを示しているため、Bが正解。

問43　解答：C

第3段落に「つまり、内面的促しというのは、自分では気がつかない形で、自分に先立つところの、すでに存在している文化が、私にある方向へ向かうオリエンテーションを与えてくれることなのです」と書かれている。これは、筆者の思想の出発点である内面的促しの説明だが、一般論として内面的促しが行動を促すということは書かれていないので、Cが正解。

問44　解答：C

第4段落で旧約聖書の記述が出てくるが、「古いヨーロッパの伝統を伝える唯一の書物」とは書かれていないので、Cが正解。

【問題12】

問45　解答：A

第3段落に「それでもやはり最初の教育の成果として、潜在的に嘘への罪悪感があるから、どんな些細なものであっても自分が嘘をついているという自覚が芽生える。しかし、『これくらいだったら許されるはずだ』という判断ができさえすれば、気が楽になることも次第に分かってくる」と書かれていることから、子供から大人になるにつれてついていい嘘の判断ができてくると解釈できる。子供の頃は、嘘の判断基準を持っていないので、Aが正解。

問46　解答：C

冒頭に「誰もが子供の頃に親から『嘘をついてはいけません』と教えられたと思う。これは、大抵の親がまず最初に行う教育だろう。『嘘つきは泥棒のはじまりだ』という言葉のように、嘘はつくなという教えは教育の第一歩だからだ」と書かれている。これは教育においての第一歩であるという事実を示してはいるが、必要であるかどうかは言及されていないので、Cが正解。

問47　解答：B

第３段落の終わりに「その反対に許されない嘘をついていると自分で判断した時には、ものすごい罪悪感を覚えることになる」と書かれている。これは大人になってから感じる罪悪感ではあるが、許されない嘘をついていると自分で判断をしたせいで罪悪感を覚えているので、自分の判断が基準になっていることがわかる。親からの刷り込みではなく、間違った内容なので、Bが正解。

問48　解答：A

第２段落の終わりに「そうして人間は狡猾になっていくのだ」と書かれている。その前の記述に「実践できるのは子供の頃だけ」「成長するに従い、どんどん世の中が分かってきて」「それが人間としての成熟度のようなもので」とあり、大人になるにつれて嘘を自分なりに咀嚼していくという旨が書かれているので、「大人は皆、狡猾である」は正しい。よって、Aが正解。

【問題13】

問49　解答：C

まず、「制度の変更を行う社会」が何かから考える。第１段落に「日本人は環境の変化に、基本的役割構造の変更を意味する『制度の変更』で対応するのではなく、既存の役割構造を維持しつつ変化に対応する『柔軟な運用』を志向する傾向が強い」とある。これは制度の変更をする社会が、日本人以外の社会であると解釈できる。

次に、冒頭に「日本人は、自己の確立のために安定的な役割構造を希求する傾向が強い」と書かれているが、日本人以外の社会に関してもそうであるかは書かれていないため、Cが正解。

問50　解答：C

この文章では、制度社会と運用社会の根本的な違いについての記述はあるが、どちらが優れているのかというところまでは筆者も言及していない。よって、Cが正解。

問51　解答：B

第１段落に「日本人は環境の変化に、基本的役割構造の変更を意味する『制度の変更』で対応するのではなく、既存の役割構造を維持しつつ変化に対応する『柔軟な運用』を志向する傾向が強い」と書かれている。「既存の役割構造を維持しつつ変化に対応する」のに対し、設問文は「基本的な組織構造を柔軟に変化させてきた」とあり、明らかに誤っている。よって、Bが正解。

問52　解答：B

第１段落に「基本的役割構造の変更を意味する『制度の変更』で対応するのではなく」とあるように、制度の変更は基本的役割構造をそもそも変化させてしまうことがわかることから、Bが正解。

【問題14】

問53　解答：A

第１段落の終わりに「この志向は一万年も前の縄文土器にすでに見られるという」と書かれていることから、すでにこの時期から“かざり”志向はあったと考えられる。よって、Aが正解。

問54　解答：A

第３段落に「日本では、美しい外観をしているものは品質も良いものであり、また、品質が良いものは美しい外観をしているものだという固定概念ができているが、これは“かざり”志向の中で醸成されたものだと思う」とある。また、その直前には「自分の分身のような愛しむべきものを作りたいという心理が作り手の“かざり”志向の根底にあると見ることができる。そのような心のこもった製品を買った人は大きな魅力を感じ、愛着を持って使うことになる」と書かれている。
つまり、美しい外観＝高品質。そこには“かざり”志向が根底にあり、心を込めて製品を作るという真理があるとわかる。論理的に正しいので、Aが正解。

問55　解答：C

第３段落の終わりに「一般大衆が近年に見せるハイグレード品好みは、何も降って湧いたものではなく、心の中に潜んでいた“かざり”志向が経済的ゆとりを持つようになって顕在化してきた結果」と書かれているように、近年ではハイグレード品を好んでいることは明記されている。しかし、経済的にゆとりがなかった時代に関してもそうだったとはどこにも書かれていない。よって、Cが正解。

問56 解答：C
問54で言及したように、外観の美しさと品質とは関連性があると書かれている。しかし、価格に関しては特に書かれていない。よって、Cが正解。

【問題15】

問57 解答：A
第1段落の終わりに「またいやおうなしに一つの集団に所属することは、同時に人間がその集団を通して、いっそう広範囲の集団に自動的に所属していることを意味します」と書かれている。これは設問文そのままの意味なので、Aが正解。

問58 解答：C
最終段落に「暴徒は、集団精神によって行動すると考えました」と書かれているが、集団精神に導かれる集団が暴徒となるとは論理的には導けないので、Cが正解。

問59 解答：A
第1段落・第2段落を通して、人間は赤んぼうのときから、児童期・青年期を経て、成人になってからも集団に所属することが書かれているので、Aが正解。

問60 解答：A
第1段落の終わりに「またいやおうなしに一つの集団に所属することは、同時に人間がその集団を通して、いっそう広範囲の集団に自動的に所属していることを意味します」とあり、また、第2段落の終わりに「さらに成人となっては、職業上、社交上の集団・組合というように、数多くの集団に加入せざるをえなくなります」と書かれていることから、人は意思とは無関係に集団に所属することが示されている。よって、Aが正解。

第5章

言語
IMAGES形式

出題形式

600字程度の長文(エッセイが多い)を読み、設問文が以下の3つのいずれであるかを判定する形式のテスト。

A 筆者が一番訴えたいことが書かれている。
B 長文に書かれてはいるが、一番訴えたいことではない。
C この長文とは全く関係ないことが書かれている。

●合計32問。長文が8題あり、それぞれ4つの設問が出題される。
●制限時間は10分。

ポイント

◎4つの設問文には、AとCに該当するものがいずれも1つ以上含まれる。つまり、Bが1つもないことがありえる。

「A　筆者が一番訴えたいことが書かれている。」と、「B　長文で書かれてはいるが、一番訴えたいことではない。」のどちらを選ぶかを考える手順は2つ。

1 長文に同様のことが書かれている。
2 それが長文の要点である。

1だけが該当していればB、2も該当していればAを選ぶ。これを機械的に進めていけば、解くスピードをあげることができる。

◎趣旨となる記述が、設問文では別の表現で書かれていることがあるので注意が必要。

◎1つの長文4問にかけられる時間は1分15秒程度のため、先に設問文を理解し、長文のなかから筆者が最も訴えたい趣旨を探す。

◎時間がない場合、設問だけを読んで、常識的にとらえてどうかという点で判断してもAかCかの区別ができる場合もある。

練習問題

➡ 答えは210ページ

【問題1】

次の文章を読み、問題についてそれぞれA、B、Cのいずれに当てはまるか判断してクリックしなさい。ただし、問題には、AとCに該当するものが必ず１つ以上含まれています。

世の中のマニュアル化が危惧《きぐ》されて久しく、今では、会社の仕事や勉強、あるいは子育てですらマニュアルがないと何もできない感じだ。自分から何も考えず、てっとり早く苦労せずに成功できると思い、決して自分から何かをやろうという活力が感じられない。さらにはマニュアルそのものすら軽視するような風潮も最近はあるようだ。「ばか正直にやっても……。ちょっと手抜きしてもわからないだろう」と手抜きやチェックミスが横行してはいないだろうか。

マニュアルとは、本来、熟練のワザや高度な技術を一般化するもので、基礎ではあってもすべてではないはずだ。それを使いこなし、さまざまな場面で対応できなければならないはずである。そこには個々の人の思考力が必要とされるはずなのだ。ところが、マニュアルを過信しているために、ちょっと考えれば危険とわかったようなミスが、お役所から大企業まで、一連の不祥事として起きている。そこからは、新しい考えは生まれてこないだろう。

問１　高度な技術を修得することでミスを減らせる。

○ A　○ B　○ C

問２　マニュアルの運用は思考力が求められる。

○ A　○ B　○ C

問３　マニュアルをもってしてもミスをすることがある。

○ A　○ B　○ C

問４　大企業に勤める人は思考力が欠けている。

○ A　○ B　○ C

A　筆者が一番訴えたいことが書かれている。

B　長文に書かれてはいるが、一番訴えたいことではない。

C　この長文とは全く関係ないことが書かれている。

【問題２】

次の文章を読み、問題についてそれぞれA、B、Cのいずれに当てはまるか判断してクリックしなさい。ただし、問題には、AとCに該当するものが必ず１つ以上含まれています。

核兵器をもつから思想的帝国主義が一層ひどくなり、逆に思想的帝国主義がひどくなると、一層核兵器に対する良心の麻痺が進行するという形で、まず相互既定の悪循環が形成されている。ところが、そこへさらに建設面の要因がからみついてくる。戦争・殺人技術の異常な進歩に比して、人間にとってより高級の欲求をより多く実現する方向への私的・公的施策の前進が非常に遅々たるものであるから、技術が最も悪い形に利用される結果になる。さらに、人類滅亡の危険性がいつも云々されている時には、健全な長期的な自己建設よりも、むしろ一時的な刺激の強さで不安をまぎらわそうとし、これが最もスリルに富んだスポーツである「戦争ゲーム」に人々を誘うことになる。その上、先進国が福祉主義という名の国民的利己主義で他国との貿易関係を弱めて行けば、国と国との連帯感は貿易依存度の相対的減少を背景として経済的地盤を失って減退し、さらにアンバランスによる欲求不満のはけ口として、異端者への破壊主義の突破をより容易にする。その上、国家だけが社会保障の責任をもつという福祉国家の考え方は、国家だけが暴力の合法的行使者であるという国家主権を強めるものに一役を担っている。

問５　人類滅亡の危険性があると人々は恐怖から逃れることが出来ない。

○ A　○ B　○ C

問６　福祉国家は国家だけが社会保障の責任をもつという思想を持っている。

○ A　○ B　○ C

問７　核兵器を持つと思想的帝国主義と良心の麻痺とが相互の悪循環を起こす。

○ A　○ B　○ C

問８　核兵器に対する良心の麻痺が進行すると、戦争・殺人技術の進歩につながる。

○ A　○ B　○ C

A　筆者が一番訴えたいことが書かれている。
B　長文に書かれてはいるが、一番訴えたいことではない。
C　この長文とは全く関係ないことが書かれている。

【問題３】

次の文章を読み、問題についてそれぞれA、B、Cのいずれに当てはまるか判断してクリックしなさい。ただし、問題には、AとCに該当するものが必ず１つ以上含まれています。

偉大な思想家の思想というものは、自分の考えが進むにしたがって異なって表れてくる。そして新たに教えられるのである。例えば古代のプラトンとか近代のヘーゲルとかいう人はそう思う。私はヘーゲルを初めて読んだのは二十頃だろう。しかし今日でもヘーゲルは私の著者にあるのである。初めてアリストテレスの「形而上学」を読んだのは、三十過ぎの時だったかと思う。それはとても分からぬものであった。しかるに五十近くになってにわかにアリストテレスが自分に生きてきた糧に思われ、アリストテレスから多大の影響を受けた。

私は思う。書物を読むということは、自分の思想がそこまで行かねばならない。一脈通ずるに至れば、暗夜に火を持つが如く、一時に全体が明るくなる。偉大な思想家の思想が自分のものとなる。私はしばしば若い人に言うのであるが、偉大な思想家の書を読むには、その人の骨という様なものを掴まねばならない。そして多少とも自分がそれを使用し得るようにならなければならない。偉大な思想家には必ず骨というものがある。大なる彫刻家には鑿の骨、大なる画家には筆の骨があるのと同様である。骨のないような思想家の書は読むに足らない。

問９　自分が思想家の思想を使用すると理解が出来るようになる。

○ A　○ B　○ C

問10　歳を取らなければ偉大な思想家の思想を理解することは出来ない。

○ A　○ B　○ C

問11　書物を理解するためには自分の思想が書物のものまで追いつかねばならない。

○ A　○ B　○ C

問12　偉大な思想家には必ず骨がある。

○ A　○ B　○ C

A　筆者が一番訴えたいことが書かれている。
B　長文に書かれてはいるが、一番訴えたいことではない。
C　この長文とは全く関係ないことが書かれている。

【問題４】

次の文章を読み、問題についてそれぞれＡ、Ｂ、Ｃのいずれに当てはまるか判断してクリックしなさい。ただし、問題には、ＡとＣに該当するものが必ず１つ以上含まれています。

　ビジネスでも採用面接でも、「プレゼンテーション」の場面で緊張しない人はいないでしょう。特に面接の場合、たいていは初対面の人が相手であり、この場の結果が今後の人生を左右するのですから、なおさらです。

「本番では緊張して、こうはいかないのでは」と気にする方は大勢いらっしゃいます。しかし、実際のところ、緊張対策を前もって考えてもあまり意味はありません。どうあっても、緊張はするものなのです。緊張しないためには「慣れる」のが一番ですが、「面接で落ちまくって場数を踏めば大丈夫」なんてわけにもいきません。

　では、少しでも緊張を和らげるためにどうするか。やはり「準備すること」が一番です。準備ができていないことこそが不安の原因なのだと、気付いていない方は多いような気がします。

　ただし、面接の場合、「準備の仕方」に落とし穴があります。たとえば、自己アピールで話す内容などを「そのまま覚える」という準備。「覚えなければ」というプレッシャーがかかると、「忘れたらどうしよう」という緊張感がさらに高まるでしょう。

　それをカバーするためには、「バックアップを取っておく」のがお勧めです。つまり、面接の受け答え中、頭の中が突然フリーズ状態になってしまったときのために、伝えたいことをメモしておいて、持参するのです。

　そして、本当に面接中に固まってしまったときは、「申し訳ありません、少々緊張しておりまして。もしお許しいただけるようでしたら、メモを見ながらお答えしてもよろしいでしょうか」などと伝え、承諾を得ればよいのです。

「あれも言わなくちゃ、これも伝えなくちゃ」といろんなことを考えすぎると、全部できなくなってしまうこともあります。「どれだけ緊張しても、これだけは言えるようにしておこう」というものを、１つだけ決めておいてもいいでしょう。

問13　面接では伝えたいことを１つ決めておくと緊張しても失敗しない。

○ A　○ B　○ C

問14　準備をしていないと何をしても無駄である。

○ A　○ B　○ C

問15　プレゼンテーションは誰でも緊張するものだ。

○ A　○ B　○ C

問16　緊張して何も言えなくなったらメモを取ったものを読めばいい。

○ A　○ B　○ C

A　筆者が一番訴えたいことが書かれている。
B　長文に書かれてはいるが、一番訴えたいことではない。
C　この長文とは全く関係ないことが書かれている。

【問題５】

次の文章を読み、問題についてそれぞれA、B、Cのいずれに当てはまるか判断してクリックしなさい。ただし、問題には、AとCに該当するものが必ず１つ以上含まれています。

話が長いというのは、単に時間的な長さの問題だけでなく、「双方向のコミュニケーションが活発化しない」という状況でもあります。

応募者が一方的にくどくどと話し、面接担当者が質問や感想をはさむ余地がない。相手はあれもこれもと聞かされるうちにお腹いっぱいになってしまい、「それだけ話せば、もうこちらから聞くことないよね」と、対話を放棄してしまうわけです。

しかし、やはり双方向の対話がないと、相手は「お互いに理解し合えた」という納得感を得られません。結果、「今回は縁がなかったということで……」となってしまいます。

会話のキャッチボールを増やすには、相手が「質問したくなる」ようにしましょう。何もかも話してしまうのではなく、ある程度ポイントを絞るのが、１つの手です。

たとえば「自己アピールをしてください」と言われたとします。そこで、こんなふうに答えたとしたらどうでしょう。

「成功も失敗もいろいろと積み重ねてきましたが、それを通じて６つの力を身に付けることができたと思います。そのうち、特に御社で活かせると思う２つの力についてお話ししたいと思います。それは～」

おそらく相手は「どんな成功体験、失敗体験があるんだろう」「あとの４つの力とは何だろう」「なぜその２つを選んだのだろう」などと、興味がわいて質問したくなるのではないでしょうか。

あからさまに「思わせぶり」な態度はマイナス印象につながりますが、アピールを小出しにするのはなかなか有効です。つまり、相手に「突っ込みどころ」を提供するというわけです。

問17　話が長くなるのは思いがうまくまとまっていないからである。

○ A　○ B　○ C

問18　面接官は話の長い人を嫌う傾向にある。

○ A　○ B　○ C

問19　面接官はたくさん経験している人に興味を持つ。

○ A　○ B　○ C

問20　双方向のコミュニケーションには、ポイントを1つにして話のやり取りを増やすことである。

○ A　○ B　○ C

A　筆者が一番訴えたいことが書かれている。
B　長文に書かれてはいるが、一番訴えたいことではない。
C　この長文とは全く関係ないことが書かれている。

【問題６】

次の文章を読み、問題についてそれぞれA、B、Cのいずれに当てはまるか判断してクリックしなさい。ただし、問題には、AとCに該当するものが必ず１つ以上含まれています。

　あなたが入社したい企業で面接を受けていると想像してみてください。
　自己アピールもうまくいき、相手の反応もなかなかの好感触。「よし、いける」と手ごたえを感じた次の瞬間、こんな質問が投げかけられました。
「今まで、どんな失敗をしてきましたか？」
　さて、あなたは何と答えるでしょうか。
　これは、実際に面接でよくされる質問。事前に予測していなかった場合、かなり焦る質問です。「面接は自己アピールの場」という意識で臨んでいるわけですから、自分のマイナス部分を伝えることには当然抵抗を感じるでしょう。
　しかし、これも「自己アピールのチャンスを与えられている」と考えていいのです。失敗体験を聞かれると、欠点を探られていると思うかもしれません。確かにそういう意図で質問をする面接担当者もいるかもしれませんが、それよりも「経験を蓄積し、そこから学び取れる人かどうか」が注目されているのです。
　ですから、「いやー、ちょっと思い出せません」はＮＧ。失敗した経験がない人などいるわけはないのですから。また、「こういう失敗をしました」だけで終わらせるのもいただけません。もちろん、ごまかしたりお茶を濁そうとするのはもってのほか。
　失敗にどう対処したのか。失敗の原因をどう分析したのか、失敗をふまえ、どんなことを心がけるようになったのか。そこまで語れると、プラス評価につながります。
　嫌なことは忘れて、前向きに気持ちを切り替えるというのも、悪いことではないと思います。しかし、失敗を忘れて、また同じ失敗を繰り返してしまうのは考えものです。
　失敗は失敗として受け入れ、心に刻み、それを成長につなげる意識が大切なのです。

問21　失敗体験を聞かれたら自分の欠点を探られていると思った方がいい。

○ A　○ B　○ C

問22　失敗、成功に関わらず、そこから何を得たかを語れることが大切である。

○ A　○ B　○ C

問23　失敗したことはすぐに忘れて前向きに気持ちを切り替えることが大切である。

○ A　○ B　○ C

問24　面接官は質問に困ったら失敗談を聞きたがるものだ。

○ A　○ B　○ C

A　筆者が一番訴えたいことが書かれている。
B　長文に書かれてはいるが、一番訴えたいことではない。
C　この長文とは全く関係ないことが書かれている。

【問題７】

次の文章を読み、問題についてそれぞれＡ、Ｂ、Ｃのいずれに当てはまるか判断してクリックしなさい。ただし、問題には、ＡとＣに該当するものが必ず１つ以上含まれています。

相手の話がダラダラと長くてうんざりしたこと、ありませんか。「いつになったら結論にたどり着くんだろう？」と、まわりくどい話し方に辟易すること、あると思います。

採用面接でも、「話が長い」という理由で不採用になるケース、実は多いのです。不採用理由の出現率でいうとワースト２くらいに位置するほど。

面接担当者が、応募者の話を聞いていてつまらないと感じるのは、聞きたい情報がそこにないときです。

応募者の話の内容に、自社との接点がいくらかでも見出せれば、多少まわりくどい話でも聞き続けることができるでしょう。しかし、「その話はどうでもいい」となると、たとえ１分でも「長いな、うっとうしいな」という印象を与えるものです。

自分は必要だと思って話していても、相手にとって必要な情報とは限らない。それを意識できないと、限られた時間をムダに過ごしてしまうばかりか、マイナスの印象を残してしまいます。

では、普段はお喋り好きというわけでもない人が、面接では「話が長い人」になってしまうのはなぜなのでしょうか。大きな要因の一つに、相手企業との「接点」を見つけられていないということがあります。「接点」とは、相手企業が必要としているもの。それは、経験であったりスキルであったり、あるいは基本的な考え方や取り組み姿勢かもしれませんが、いずれにしても、相手が求め、興味を示すポイントです。

自分自身と相手企業の「接点」は、あらかじめ企業研究をしっかり行うことで見つかるものです。しかし、企業研究がおろそかだと、相手が求めていること、知りたいと思っていることが分からず、自己アピールのポイントが絞り込めません。結果的に、話を盛り込みすぎて、相手をうんざりさせてしまうというわけです。

問25　面接で話が長い人は不採用になる。

○ A　○ B　○ C

問26　採用に関係のない話題でも面白ければいい。

○ A　○ B　○ C

問27　面接では自分と相手企業の共通項をとらえて話すことが大切だ。

○ A　○ B　○ C

問28　自己アピールはたくさん話すことで企業と接点が増えるので話し続けることが大切だ。

○ A　○ B　○ C

A　筆者が一番訴えたいことが書かれている。
B　長文に書かれてはいるが、一番訴えたいことではない。
C　この長文とは全く関係ないことが書かれている。

【問題８】

次の文章を読み、問題についてそれぞれＡ、Ｂ、Ｃのいずれに当てはまるか判断してクリックしなさい。ただし、問題には、ＡとＣに該当するものが必ず１つ以上含まれています。

就職活動をしていると、「求める人材」の欄で、「コミュニケーション力」という言葉をよく目にすると思います。そこで、「私はコミュニケーション力には自信があるから大丈夫」と思ったかもしれません。しかし、果たしてそうでしょうか？

一口に「コミュニケーション」と表現しても、企業によって求めるコミュニケーションスタイルは異なります。「初対面の人とすぐに打ち解けられるコミュニケーション力」を求める企業もあれば、「相手の話をじっくり聞き、共感できるコミュニケーション力」を求める企業もあります。

言葉の定義を、自分の都合のいいように解釈しないように注意したいもの。これは、ビジネス用語を使い慣れていない学生さんが、就職活動の自己アピールでやりがちな失敗です。

「私は、サークル活動を通じて企画力を磨きました。たとえば学祭の折、他のサークルにイベントの共同開催を持ちかけ、お互いの役割分担を決めてスムーズな運営を成功させました」

この自己アピールに対して、おそらく面接担当者はこう切り返すでしょう。

「その仕事は企画というより、交渉・調整なのでは？」

ビジネスシーンでのコミュニケーションにおいても採用面接においても、抽象的な言葉を安易に使うと、「この人は本当に理解できているのだろうか？」と思われる危険性があります。別の意味合いで言葉を使っていることに双方とも気付かず、後でギャップに戸惑ったり、トラブルを招くことにもなりかねません。

どうしても相手に伝えたいと思うことがあるなら、抽象化された言葉ではなく、自分自身の解釈で具体化した言葉を用いるようにしたいものです。

問29　コミュニケーションとはお互いの理解をするためにするもので、自分の都合ではなく具体的な説明で理解しあうものである。

○ A　○ B　○ C

問30　採用面接ではコミュニケーションという言葉を使うとお互い理解しやすくなる。

○ A　○ B　○ C

問31　学生は企業のことが分からないのでコミュニケーションが取れなくても仕方ない。

○ A　○ B　○ C

問32　コミュニケーションと言っても打ち解けやすさや共感できる力など、企業によっても定義が決まっていない。

○ A　○ B　○ C

A　筆者が一番訴えたいことが書かれている。
B　長文に書かれてはいるが、一番訴えたいことではない。
C　この長文とは全く関係ないことが書かれている。

【問題９】

次の文章を読み、問題についてそれぞれＡ、Ｂ、Ｃのいずれに当てはまるか判断してクリックしなさい。ただし、問題には、ＡとＣに該当するものが必ず１つ以上含まれています。

ビジネスのグローバル化が進む中、全く異なる文化や価値観を持つ人々と仕事をしていくとなると、はっきりとした文脈でこちらの意思を伝え切る必要があります。ですから、「ロジカルシンキング」を鍛えることは、これからのビジネス社会を生き抜こうとするビジネスパーソンにとって非常に重要といえるでしょう。

実際、採用面接においても、ロジカルシンキング力をチェックしている企業は少なくありません。面接で質問を受けたとき、「それは○○○です。なぜならば～」といったように、まず結論を伝えてから理由を説明するという受け答えのノウハウは、ロジカルシンキング力をアピールする方法として浸透しつつありますし、実際に有効といえます。

ところが、です。ロジカルシンキングを意識するあまり、面接がうまくいかないケースも多々あるのです。

私自身、就活生の模擬面接を行っているとき、「ロジカル」を全面に押し出して話す人に違和感を覚えることがあります。説明としては分かりやすいけれど、聞いていて引き込まれることはない。心を揺り動かされることもない。それはなぜだろうと考えると、理論で固めるあまり、「思い」「感情」がこもる余地がなくなっているんですね。相手を「説得する」「納得させる」ことに集中し、自分自身の素直な思いが封じ込められてしまっているのです。

ビジネスにおいても採用面接においても、「ロジカル」と「パッション」のバランスを取ることは非常に大切。ロジカルシンキングの習慣を身に付けると同時に、「思いを込める」ということをコミュニケーションの原点として、ぜひ心に留めておいていただきたいと思います。

問33　ロジカルシンキングをアピールする方法として使うとすべてうまくいく。

○ A　○ B　○ C

問34　ロジカルシンキングを鍛えることがビジネスパーソンにはとても大切である。

○ A　○ B　○ C

問35　ロジカルシンキングに伝えたい思いを加えることが大切である。

○ A　○ B　○ C

問36　ロジカルシンキングを使うと自分の素直な気持ちなどは必要ない。

○ A　○ B　○ C

A　筆者が一番訴えたいことが書かれている。
B　長文に書かれてはいるが、一番訴えたいことではない。
C　この長文とは全く関係ないことが書かれている。

【問題10】

次の文章を読み、問題についてそれぞれA、B、Cのいずれに当てはまるか判断してクリックしなさい。ただし、問題には、AとCに該当するものが必ず1つ以上含まれています。

希望の会社で面接を受ける。そんな局面に立たされると、自分に不足しているものが急に気になり始めるものです。

「もっと高いスキルや実績を持っていれば！」と焦っても、能力は一朝一夕に磨けるものではありませんし、業績をすぐに上げられるわけでもありません。

しかし、その代わりに、ものの数秒で手に入れることができる大きな武器があります。

それは「やる気」です。

「やる気だけで乗り切れるなら苦労しないよ」と思った方は、前章を読み返してみてください。人材市場では、どんな高性能自動車（知識やスキルがある人）でも、ガソリン（やる気）が入っていなければ必要とされないのです。ガソリンはそれだけ大切。しかも、高性能自動車を組み立てるには時間がかかりますが、ガソリンはあっという間に満タンにすることができます。

しかし、ゼロの状態からやる気を充てんするのはなかなか難しいものです。

そこで、自分が前向きな気持ちになれるフレーズを用意しておいてはいかがでしょう。人間は、たった一言で落ち込むこともあれば、吹っ切れて前向きになれることもありますよね。それをうまく利用するのです。

日本電産の永守社長がこんなことを語っていました。

「人の能力の差はせいぜい5倍くらいのもの。しかし、やる気は人によって100倍以上の差がある」

実際、人材採用の際に「やる気」を最優先する企業は、決して少なくないのです。

どうもやる気が起きない、という方は、今の状況をいろいろな角度からとらえてみてはいかがでしょう。自分にとっての「元気が出るスイッチ」を発見できるかもしれません。

問37　高いスキルや実績のある人は面接で落ちたことがない。

○ A　○ B　○ C

問38　人の能力はやる気に比べるとたいした差はない。

○ A　○ B　○ C

問39　やる気を上げられる人は前向きなので企業ではとても重要視する。

○ A　○ B　○ C

問40　希望会社の面接では自分の不足が気になるが心配する余裕はない。

○ A　○ B　○ C

A　筆者が一番訴えたいことが書かれている。
B　長文に書かれてはいるが、一番訴えたいことではない。
C　この長文とは全く関係ないことが書かれている。

【問題11】

次の文章を読み、問題についてそれぞれA、B、Cのいずれに当てはまるか判断してクリックしなさい。ただし、問題には、AとCに該当するものが必ず1つ以上含まれています。

皆さんが、自分の会社に応募してきた人の面接を行ったとします。

さて、どちらの応募者に好印象を抱きますか？

Aさん「いろいろと比較検討した結果、御社を選びました」

Bさん「いろいろと探した結果、御社を見つけました」

私が採用担当者だとしたら、AさんよりBさんに成長の可能性を感じます。

Aさんは限られた選択肢の中だけで判断したような「受け身」の印象を受ける一方、Bさんは主体的・能動的に情報を取りに行った姿がイメージできるからです。

情報社会で育ってきた人たちは、要領よく情報を集め、必要なものを選び出すのがとても上手です。しかし、自分が全く知らないものを探求しようとする「サーチ感覚」が欠けているように感じるのです。

少し踏み込んで探っていけば、思いがけない新発見があるかもしれない。そして、その発見が自分を変えたり、成長させるきっかけになるかもしれないのに……とてももったいないことだと思います。

実際、就職活動をする学生は、「一般消費財」を扱うメーカーなどを希望する傾向が強く見られます。自分の生活になじみがある、自分の目に触れる範囲の業種から選んでいるためです。彼らは、B to Bビジネスを展開していたり、部品・素材などを扱っている魅力的な企業の存在に気付いていません。

就職では「企業選び」という言葉がよく使われますが、「企業探し」という意識で臨んだほうが、きっと可能性は広がるはずです。

何も、ゼロの状態から探しに行け、というわけではありません。まずは、手が届く範囲で情報を集めるところからのスタートでOK。そして、その中で何か気になるキーワードを見つけたら、それについて徹底的に調べてみることが大切です。

問41　面接で採用される人は企業をよく比較検討してきた人である。

○ A　○ B　○ C

問42　情報社会で育ってきた人は「サーチ感覚」が長けている。

○ A　○ B　○ C

問43　就職活動ではBtoB企業へも目線を向けるべきである。

○ A　○ B　○ C

問44　学生が企業を「選ぼう」とすると、彼らの可能性は広がっていかない。

○ A　○ B　○ C

A　筆者が一番訴えたいことが書かれている。
B　長文に書かれてはいるが、一番訴えたいことではない。
C　この長文とは全く関係ないことが書かれている。

【問題12】

次の文章を読み、問題についてそれぞれA、B、Cのいずれに当てはまるか判断してクリックしなさい。ただし、問題には、AとCに該当するものが必ず1つ以上含まれています。

模擬面接をしていると、何となく横柄というか、威圧的な印象を受ける人がいます。話している内容や口調はそうでもないのに、です。

その原因は、アゴが上がっているせい。自ずと「上から目線」になってしまっているのです。ところが、本人はそれを自覚しておらず、私から指摘を受けてはじめて気付くケースがほとんどです。

「なくて七癖」なんていいますね。「自分にはクセはないと思っている人でも、7つはある」=「どんな人にもクセはある」ということです。

それをチェックするために、鏡を見ながら話すことを試してみてはいかがでしょうか。自分が話している姿を録画して見てみる手もあるでしょう。

また、面接で第一印象が劇的に良くなるのは、素直な感謝の気持ちを持てた瞬間です。「面接に呼ばれた。試される」ではなく、「面接に呼んでいただけた。自分からお願いして、自己アピールをする場所と時間をいただいた」という意識に変えるだけで、相手への感謝が生まれます。感謝の気持ちを持つことで、受け答えにも誠意がこもります。それは相手にも必ず伝わり、心を開いてくれやすくなるものなのです。

鏡に向かってあいさつの練習をするとき、「感謝の気持ち」を込めてみてください。自分自身の表情も意外と変化していることに気付くかもしれません。

問45　最近の大学生は威圧的にふるまう人が目立つ。

○ A　　○ B　　○ C

問46　どんな人にもクセというものはあるものだ。

○ A　　○ B　　○ C

問47　第一印象のいい人は面接を通過しやすい。

○ A　　○ B　　○ C

問48　面接のときは感謝する気持ちを持って臨むと、面接官にいい印象を伝えられる。

○ A　　○ B　　○ C

A　筆者が一番訴えたいことが書かれている。
B　長文に書かれてはいるが、一番訴えたいことではない。
C　この長文とは全く関係ないことが書かれている。

【問題13】

次の文章を読み、問題についてそれぞれA、B、Cのいずれに当てはまるか判断してクリックしなさい。ただし、問題には、AとCに該当するものが必ず1つ以上含まれています。

余裕とは何でしょうか。まず、時間の余裕と空間の余裕があります。それに、心の余裕があります。

中で、いちばん問題なのは心の余裕でしょう。ところが心だけを取りだすことは難しい。なぜかというと、心の余裕には、時間の余裕や空間の余裕が密接に絡んでくるからです。

まず時間の余裕を考えてみると、時間は有限だから、その中で自分で自分の時間を作っていかなくてはならない。一日は誰にとっても24時間しかありません。そこで何が重要かという順番を決めて片付けていくことになります。

つまり、時間をうまく使って余裕を持つためには、重要か、そうでないかということを決められる能力と決断力が必要になります。それによって初めて時間的余裕を作ることができます。

また、空間が広いか狭いかは、心のゆとりに大いに関係しています。誰でもせせこましい部屋よりもゆったりした部屋のほうが心に余裕が持てるでしょう。こう考えると、心の余裕というのはいろいろなことに関係しているのがわかります。

私の好きな言葉に「意気あるときは、意気をそえ、風流ならざるところ、また風流」という言葉があります。この意味は「修行するときには徹底的に修行をし、努力しなさい。一方、余裕のあるときには、ゆっくりとその余裕を楽しみなさい」ということです。

私はこの言葉をさらにこう解釈しています。

「一生懸命に徹底して努力し修行するから、それと無関係に余裕のある時間はゆっくりと余裕を楽しみなさいというのではなく、一生懸命に徹底して修行するところから、余裕がでてくる」と。

つまり、時間とか空間とかの余裕が、そのまま心の余裕に結びつくという単純なものでなく、どんなに空間や時間の余裕がなくても、余裕は持つことができる。それは、徹底してやるところから生まれるのだと考えているのです。

余裕を作る能力、どんなときも心の余裕を忘れまいとする努力――これらは大変重要なマインドです。人々が新幹線や飛行機を争って利用しようとするとき、あえて、各駅停車の旅を楽しんでみようという余裕を持ちたいものです。旅行も、人生も、何も超特急だけが素晴らしいわけではありません。要は乗る人の心の余裕がその楽しさの決め手です。

問49　どのような状況であっても余裕を自ら作り出す努力が必要である。

◯ A　◯ B　◯ C

問50　余裕の中でもっとも重要なのは心である。

◯ A　◯ B　◯ C

問51　心の余裕を持つために広い部屋に住む必要がある。

◯ A　◯ B　◯ C

問52　余裕を作る能力は心の余裕が生まれた後で身につくものである。

◯ A　◯ B　◯ C

A　筆者が一番訴えたいことが書かれている。
B　長文に書かれてはいるが、一番訴えたいことではない。
C　この長文とは全く関係ないことが書かれている。

【問題14】

次の文章を読み、問題についてそれぞれA、B、Cのいずれに当てはまるか判断してクリックしなさい。ただし、問題には、AとCに該当するものが必ず1つ以上含まれています。

職業柄、「キレ」やすい子やパラサイトシングルと呼ばれる人と会うことが少なからずある。個人的な感想にとどまるが、総じて経済観念が乏しいという印象が強い。それを偶然の一致とかたづけることは、決してできないだろうと私は思っている。

尋ねてみると未成年の場合、親から毎月決まった額の現金をこづかいとしてもらう習慣がない場合が圧倒的なようである。必要なとき、不定期にもらっていたりすることが多い。私は個人の自律の獲得は、経済的自立の意識と深く関係していると信じている。小学校に入ったならば、一定の額を決めて子どもに与え管理をしつけることは、たいへん重要なことなのではないだろうか。

収支の記録をつけさせ、欲しい物はそのなかから支出させる。親にねだったところで無分別に買ってもらえないことを教えるのも父性の任務である。もらったこづかいをすぐに全部使ってしまっては、あとのほぼ一ヵ月、本人が困ることになる。計画的に現金を消費するプランをねることで、金銭ばかりか時間の管理をおぼえる。自己抑制の能力の発達もまた、促される。

しかも、手にするお金そのものは親が働くことで得ているという事実、またたとえ母親が専業主婦であったとしても、家事もまた労働であるという事実を語ってきかせるなかで、家庭のなかでは自分は無償の愛を与えられているとしても、外では自分のしたことには自分で責任をとらねばならない個人であるという意識を子どもは知るに至る。

親と子が何らかの形で約束を交わし、ルールを守る習慣をつけさせるのも大切だろう。たとえばテレビゲームは一日三〇分、必ず宿題を終えてからする、どんなに盛りあがっても三〇分経過したら明日にまわす等々……。そしてルールを守らないと、社会人として信用されないという事実を教える。家庭でない他者とつき合うには、互恵性の原則を遵守することを学び、「自分がいやなことは人にするな。自分にしてほしいことを人にしろ。信頼には信頼をもって返す」ことを身をもって知るなかで、人は社会化を遂げていくのではないだろうか。

問53　キレやすい子は経済観念に乏しい。

○ A　○ B　○ C

問54　子供が自らおこづかいを稼ぐことが大事である。

○ A　○ B　○ C

問55　経済活動を行い自己抑制やルールを守ることで人は社会的になっていく。

○ A　○ B　○ C

問56　自分にしてほしいことを人にすることで人は社会性を身につけていける。

○ A　○ B　○ C

A　筆者が一番訴えたいことが書かれている。
B　長文に書かれてはいるが、一番訴えたいことではない。
C　この長文とは全く関係ないことが書かれている。

【問題15】

次の文章を読み、問題についてそれぞれA、B、Cのいずれに当てはまるか判断してクリックしなさい。ただし、問題には、AとCに該当するものが必ず1つ以上含まれています。

日常の生活が即人間のすべての社会活動であった時代には、子どもには特別な教育はほとんどなくてよかった。とはいえ、食物獲得のためなどに道具の使い方などは教育を必要とした。ただしその教育は、ヒトの教えたがり、学びたがる自然な活動で成し遂げられていた。

仕事が親子や徒弟で継承されていた時代には技能の習得が必要であったが、それは生活技術の継承でもあった。もちろんいわゆる「三つ子の魂」が育つ家庭こそが重要であるが、こうした時代は家庭や職場をも含んだ地域社会の中で、人間は種としてヒトの形成を含む人間形成をし、その歴史を継いでいったのである。

この継承のしくみは社会の階層分化、社会システムの発達、肥大化にともなって分離、分化し、それとともに確立した教育制度には、当然ながら社会システムの一員となる人材養成が求められた。教育は生活そのものと離れることになったのである。

人間が人間の歴史を継ぐしくみは、こうして社会システムの一員として歴史を継ぐことと、家族や地域社会の一員として生活文化を継ぐこととに分離した。そればかりか、教え学ぶという動物の行動様式を受け継ぎ発達させることによって作られてきた生活文化の意図せずに成るものとしての継承は、今、巨大化した社会システムの一員となる人材養成によって侵蝕されている。本来的に人づくりのしつけと生活の場である家庭さえもさまざまな影響を受け、この方向での意図するしつけとして人材養成の面を強めている。

だが、人材養成としての教育が、人間形成のすべてを覆いつくして成立したわけではない。分離以前の継承のしくみが、侵蝕されつつも生き続けながら、人間(ヒト)は人間(ヒト)を受け継いでいる。その現実的矛盾がいろいろな、非行などに見られる子どもの精神不安などとして現れている。それは種としてのヒトの行動形成のゆがみとしてもとらえられるといいたい。

問57　生活と教育の分離が人の行動形成のゆがみをつくりだした。

○ A　○ B　○ C

問58　生活よりもシステムの一員となるための教育の方が重要視されてきている。

○ A　○ B　○ C

問59　生きるための技術は人材養成の教育よりも重要視されるべきである。

○ A　○ B　○ C

問60　人材養成としての教育が人づくりのしつけと生活の場である家庭に影響を与えた。

○ A　○ B　○ C

A　筆者が一番訴えたいことが書かれている。
B　長文に書かれてはいるが、一番訴えたいことではない。
C　この長文とは全く関係ないことが書かれている。

【問題16】

次の文章を読み、問題についてそれぞれA、B、Cのいずれに当てはまるか判断してクリックしなさい。ただし、問題には、AとCに該当するものが必ず1つ以上含まれています。

野生動物が家畜化されると体格が小さくなることが知られている。六、七〇〇〇年前の新石器時代に、トルコあたりからドナウ川沿いにヨーロッパ平原に連れてこられたウシは、在地の野生種、オーロックスと比べるとはるかに小さかった。しかし約二〇〇〇年前のローマ帝国の拡大とともにヨーロッパのウシも大型化する。ローマ人は品種改良により、肉付きが良く、ミルクも良く出す大柄なウシを普及させたのだ。しかしローマ帝国の崩壊後、暗黒時代にはウシがふたたび小型化する現象が知られている。

体格ばかりではない。家畜は人間が与える柔らかい餌で育つため、成長期に堅いものを噛まないので顎の発達が悪くなる。ところが生えてくる歯の大きさは、遺伝的に決まっているため、狭い顎にひしめき合うように歯が生え、歯並びが悪くなる。さらに人間が与える餌はしばしば栄養が偏り、不衛生な環境などのストレスと相まって、特に歯のエナメル質の形成不全や歯周病が多発する。したがって歯や骨の異常も家畜化の証拠となりうる場合がある。このブタの話の最初に紹介した西本豊弘さんは、弥生時代の「イノシシ」を調べて歯周病が多いことに注目し、それらを飼われていたブタだと考えるひとつの理由としたのである。

また出土骨の年齢と性別を調べると、野生の場合、成獣の雄雌の比率は半々に近いのだが、家畜になると圧倒的に雌の比率が高くなる。ヨーロッパの先史時代では、雄は少数のタネオスを除いて若いうちに去勢され、一歳半になった秋ごろにはほとんどがハムやソーセージになる運命だった。それは秋に越冬飼料を確保することが困難であるし、そのころに成長が鈍るので、餌を与える割に成長が伴わないからと言われている。

問61　歯並びが悪いことは、家畜として飼われていた証拠である。

○ A　○ B　○ C

問62　雄はなかなか成長しないので食肉化したほうが都合が良い。

○ A　○ B　○ C

問63　野生動物は、人間に飼われると小型化する。

○ A　○ B　○ C

問64　家畜は人間が与える餌によって歯並びが悪くなったり歯周病になる。

○ A　○ B　○ C

A　筆者が一番訴えたいことが書かれている。
B　長文に書かれてはいるが、一番訴えたいことではない。
C　この長文とは全く関係ないことが書かれている。

【問題17】

次の文章を読み、問題についてそれぞれA、B、Cのいずれに当てはまるか判断してクリックしなさい。ただし、問題には、AとCに該当するものが必ず1つ以上含まれています。

対人関係においては、嫌われたり、関係を失ったりすることによって、自分自身が傷つく。そのためにどうしても他者配慮的になる。他人がどう思おうと自分は自分であり、自分のやり方でやればいいと考えられるなら、必要以上に気を遣ったり、相手に合わせることもない。しかし、人は他者からの評価によって自らの評価を値踏みする。人からの評価を失うことは、自分の価値を下げることにつながるのだ。

他者配慮的な対人関係では、相手に合わせたり避けたり、相手を褒めたり嫌ったり、相手から褒められたり嫌われたりと苦労も多く疲れるので、むしろ一人でいるほうがずっと楽だという人もいる。付き合う人を少なくし、かつ接触の機会も最小限に絞り込み、自ら引きこもる。対人関係を回避し自閉を保つのである。良い評価ももらえないが、嫌な評価も受けなくて済むだろう。しかし、その孤独に耐えられるだろうか。人は人とコミュニケーションし、群がる欲求も持っているので、生きていくためには嫌でも社会との接点を保たなければならない。

人は、太古から集団を形成することで、自らの安全を確保してきた。おそらく、集団から排除されることは、食べ物にありつけない、外敵から身を守れないなど、死を意味するものだったはずである。現代社会においても、社会とまったく無関係というわけにはいかない。家に引きこもっていても、それは家族が護ってくれているからで、まったく一人ではあり得ない。自ら他者との接触をできるだけ避けることと、家族も含め他者から疎外され孤立することの意味は違う。

問65　人はコミュニケーション無しでは生きていくことは出来ない。

○ A　○ B　○ C

問66　家族が護ってくれるので引きこもりになっても問題はない。

○ A　○ B　○ C

問67　嫌われることを恐れるがゆえに他者配慮的になってしまう。

○ A　○ B　○ C

問68　対人関係を回避して自閉を保つことでも社会との接点は取れる。

○ A　○ B　○ C

A　筆者が一番訴えたいことが書かれている。
B　長文に書かれてはいるが、一番訴えたいことではない。
C　この長文とは全く関係ないことが書かれている。

【問題18】

次の文章を読み、問題についてそれぞれA、B、Cのいずれに当てはまるか判断してクリックしなさい。ただし、問題には、AとCに該当するものが必ず1つ以上含まれています。

日本の気候は、大陸的な要素と海洋的な要素が複雑に交錯している。すなわち、天気というものが多様であり、その変化が頻繁なのである。加えて日本の気候には、時間的にも、周期や季節の循環のほかに不規則で急激活発な交代が見られる。雨の降り方だけでも実にさまざまな降り方がある。それを区別する名称がそれに応じて分化している点で、日本はおそらく世界随一ではないかと思われる。試みに、「春雨《はるさめ》」「五月雨《さみだれ》」「時雨《しぐれ》」の適切な訳語を外国語に求めるとしたら、相応な困惑を経験するであろう。「花曇り」「霞」「稲妻」などでもそれと少しも違わない現象が日本以外の国に見られるかも疑問である。自然と人間の交渉はやはり有機的であるから、たとえ科学的・気象学的に同一と見られるものでも、それに随伴する他の要素によって全く別の意義を持つのは言うまでもないことである。そういう意味で、「春雨」も「秋風」も外国には無いと言えよう。そして、こういう語いの中に日本人の自然観の断片が、濃密に圧縮された形で包含されていると考えるのである。

問69　日本ほど天候が激しく変化する国は存在しない。

○ A　○ B　○ C

問70　日本の天候が多様なのは大陸的要素と海洋的要素による。

○ A　○ B　○ C

問71　日本人の自然観は天候に関する語いの豊富さに現れている。

○ A　○ B　○ C

問72　日本語は季節を区別する名称の多様性では世界随一である。

○ A　○ B　○ C

A　筆者が一番訴えたいことが書かれている。
B　長文に書かれてはいるが、一番訴えたいことではない。
C　この長文とは全く関係ないことが書かれている。

【問題19】

次の文章を読み、問題についてそれぞれA、B、Cのいずれに当てはまるか判断してクリックしなさい。ただし、問題には、AとCに該当するものが必ず1つ以上含まれています。

劇は大勢の協力によって出来上がるものである。舞台に立って演技をして見せる者はもとより、装置・効果・照明・衣裳などの受け持ちのために舞台の裏で働く者、ひとつの劇を仕上げるための費用や時間のやりくりをする者、劇場全体の秩序、火気、通風、清掃などのことに気を配る者、観客を気持よく劇場に導き安心して席につかせ忘れ物や紛失物もなく家に帰す一切の世話をみる者、劇の済んだあとの色々な始末をする者など、いずれもみな劇の仕事の中に含まれているのである。このことを忘れて劇をするというのはどこかで大きな間違いを犯していることである。劇の楽しさ・面白さは、舞台を中心としてその周りに醸し出されるすべての人のたがいに同じ感動を分かち合う喜びだとも言えるのである。したがって、観客も、舞台に立つ人々と同じように、ある程度劇を楽しく面白くすることができる。つまり、観客が、劇を見る立場にいながら見せる立場の人々をよく理解し、これを激励しながら十分に気を尽くし労をねぎらいながら、つねに良き観客であるように努めるならば、自ら舞台は活気を帯び、俗に気がのるという結果になるのである。そして客席の真剣でなごやかな空気は、それだけでも観客のめいめいを愉快な清々しい気持ちにさせる。

問73　劇の面白さは舞台全体の人々が互いに同じ感動をわかちあう喜びであると言える。

○ A　○ B　○ C

問74　劇は関係者全員によって初めて成り立つことを忘れてはいけない。

○ A　○ B　○ C

問75　良い舞台を作るには観客も努力をしなければならない。

○ A　○ B　○ C

問76　観客は劇を真剣に見に来ているので、声を出さないことがマナーである。

○ A　○ B　○ C

A　筆者が一番訴えたいことが書かれている。
B　長文に書かれてはいるが、一番訴えたいことではない。
C　この長文とは全く関係ないことが書かれている。

【問題20】

次の文章を読み、問題についてそれぞれA、B、Cのいずれに当てはまるか判断してクリックしなさい。ただし、問題には、AとCに該当するものが必ず1つ以上含まれています。

宮沢賢治は『農民芸術概論綱要（序論）』において、「世界がぜんたい幸福にならないうちは、個人の幸福はあり得ない」と言う。これは単なる理想論ではなく、幸福の真相である。たとえ、われわれが「幸福だ」と呟いたとしても、全人類に及ばず波及効果を徹底的に思案してみれば、とうていそうは言えないことに気づく。

つまり、幸福は、盲目であること、怠惰であること、狭量であること、傲慢であることによって成立している。それが私の基本的考えである。

このことは、慎ましい幸福の場合、とくに顕著であるように思われる。というより、「幸福」という言葉の現代的響きは、全世界を制覇するとか、仕事で大成功するとか、名声をかち得るというようなことにはなくて、――それはなぜか現代では幸福ではないように思われている――どんな平凡人でも、いや平凡人だからこそ、日々の生活を振り返ればしみじみと感ずることができるものに求められることが多い。家族がみんな健康で、信頼しあっている、それで私はとびきり幸福ではないか、というわけである。

そして、私はまさにこうした図式こそ、盲目で怠惰で狭量で傲慢であると言いたい。

幸福とは、広がりのある概念であって、ある一点に焦点を当てれば、自分の望んでいたことがかなえられたとしても、自分の信念に冷静に照らし合わせてみたり、世間の声に耳を傾けたり、他人に及ばず波及効果まで視野に入れると、――暴力的に思い込むのでないかぎり――単純に幸福に到達したとは言いきれないのだ。

問77　幸福とは盲目で怠惰で狭量で傲慢である。

○ A　○ B　○ C

問78　幸福とは、視点を変えると幸福でなくなることがある。

○ A　○ B　○ C

問79　世界がぜんたい幸福であれば、慎ましい幸福は存在しなくなる。

○ A　○ B　○ C

問80　幸福とは平凡な人の生活の中にのみ感じることができる。

○ A　○ B　○ C

A　筆者が一番訴えたいことが書かれている。
B　長文に書かれてはいるが、一番訴えたいことではない。
C　この長文とは全く関係ないことが書かれている。

【問題21】

次の文章を読み、問題についてそれぞれA、B、Cのいずれに当てはまるか判断してクリックしなさい。ただし、問題には、AとCに該当するものが必ず1つ以上含まれています。

　血統書付きの由緒あるイヌやネコは厳しく管理されているのだろうが、わが家で飼っているイヌとネコは私の娘たちに拾われた「純粋雑種」だから、繁殖管理の埒《らち》外にある。

　じつは、ここに家畜とペットの微妙な差が顔を出している。つまり、家畜はあくまでも管理を徹底し、より生産性の上がる血統を作ろうとして繁殖まで操作しようとする。しかしペットの多くは、「ぜったい秋田犬だ」「ペルシャネコだ」といった飼い主の見栄を抜きにすれば、自分の言うことをよく聞いてくれる従順な存在であってくれれば十分なことが多く、血統は二の次である。イヌもネコも、すでにその意味で人間にとって都合のよい動物に作られてしまっている。イヌやネコの側も、人間に飼われることにみごとに適応しているのである。

　行動の面から見ると、家畜が人間に慣れることは必須ではない。荒っぽくて手に負えないのは困るが、そこそこに従順でいてくれたらいい。よく映画やテレビなどで、農家で飼われていたウシの子どもが売られてゆくとき、家族が涙を流して別れを惜しむという場面がある。家畜が飼い主に慣れ親しんでしまったことの悲劇である。これに対してペットは、飼い主に慣れることが第一条件なのだ。そして飼い主にとっては、自分の思いどおりに行動してくれるペットこそ最高なのである。

問81　飼い主の望む行動を取るペットこそが飼い主にとって最高のペットである。

○ A　○ B　○ C

問82　管理を徹底されたイヌ・ネコはペットというより家畜に近い。

○ A　○ B　○ C

問83　ペットと家畜を混同することは時として悲劇を生む。

○ A　○ B　○ C

問84　ペットか家畜かはイヌやネコ、ウシの都合によって決まる。

○ A　○ B　○ C

A　筆者が一番訴えたいことが書かれている。
B　長文に書かれてはいるが、一番訴えたいことではない。
C　この長文とは全く関係ないことが書かれている。

【問題22】

次の文章を読み、問題についてそれぞれA、B、Cのいずれに当てはまるか判断してクリックしなさい。ただし、問題には、AとCに該当するものが必ず１つ以上含まれています。

「国際化」の最も中心的で、さまざまな問題の背景として共通する問題は、二重の意味で(コミュニケーション)問題である。

それは一方で、現代の大きなトレンドの一つをなす「情報化」にかかわる情報的コミュニケーションの問題でもある。「情報」の場合は、その移動それ自身がコミュニケーションでもあるが、金、モノ、ヒトが国境を越えて流動する場合にも、いうまでもなく、情報的コミュニケーションは不可欠だからである。それと共に、他方でまた、国際化にともなうコミュニケーション問題とは、異文化理解に象徴されるような「文化交流」の問題といえよう。

この両側面は、改めていうまでもなく、密接に絡まっており、「国際化」の進展による国家・諸団体・国民間の情報的コミュニケーションに関してその量・質の飛躍的発展が、さまざまなレベルで共通意識をつくり出している反面、逆にまた文化交流の問題をいっそうシビアにしている面があるからである。つまり、情報化の進展は、一面では、諸活動の効率やネットワーク化を進めていくわけであるが、他面では、逆に諸活動の背景にある文化に関しては、価値や規範の対立をいっそう浮き彫りにする可能性があるのである。

問85　現代のコミュニケーション問題は情報化と文化交流の２つである。

○ A　○ B　○ C

問86　情報化によるコミュニケーションの発達は功罪共に存在している。

○ A　○ B　○ C

問87　情報化の発展は活動のネットワークを広げるが、文化的価値や規範の対立を起こす可能性がある。

○ A　○ B　○ C

問88　国際化のコミュニケーションは、金・モノ・ヒトを超えて考える問題である。

○ A　○ B　○ C

A　筆者が一番訴えたいことが書かれている。
B　長文に書かれてはいるが、一番訴えたいことではない。
C　この長文とは全く関係ないことが書かれている。

【問題23】

次の文章を読み、問題についてそれぞれA、B、Cのいずれに当てはまるか判断してクリックしなさい。ただし、問題には、AとCに該当するものが必ず１つ以上含まれています。

異文化を学んでいると、人間というのはこれほども違うのかと、驚かされることが多くあります。同じ物が、あるところでは「汚い」、別のところでは「美しい」と考えられたり、ある集団で便利に使っている物でも、ほかの集団では見向きもされなかったり、予想以上の違いに出会うことがしばしばです。このように違いが多く見られる様子を「多様性」と言います。

一方、表向き違うように見えながら、案外どの集団でも同じことをしているという発見も、よくあります。子どもたちは集まって遊ぶことに熱中しますし、話すことばは違っても、人はわいわいとおしゃべりにふけるのが好きです。だれでも必ず名前をもっていますし、冗談を言い合って笑いますし、子どもを育てたり、亡くなった人たちに思いをはせたりします。細かいところは違っていても、大枠として人がすることは同じだという見方もできます。この、人びとの間で何かの特徴が共通している様子を「普遍性」と呼びます。

異文化を訪ね歩くと、違いに出会うことが多いため、つい文化の多様性に目が向きがちです。もちろん、多様性を否定せずにありのまま学ぶことが、異文化理解の出発点です。しかし、違いに目をこらしていると、文化の普遍性にもふと気付くことがあります。「あの人たちは自分たちと違うから、関係ない」と関わりを切るのではなく、対等に出会い対話していくためにも、普遍性を探し求める努力を欠かすことはできません。

問89　異文化を持つ人達と対等に渡り合うためには文化の普遍性に目を向ける必要がある。

○ A　○ B　○ C

問90　実際に旅をして異文化に触れることで、より理解することが出来る。

○ A　○ B　○ C

問91　どんな集団であっても人が亡くなれば悲しいと思う。

○ A　○ B　○ C

問92　多様性を認め合うことが異文化理解の出発点である。

○ A　○ B　○ C

A　筆者が一番訴えたいことが書かれている。
B　長文に書かれてはいるが、一番訴えたいことではない。
C　この長文とは全く関係ないことが書かれている。

【問題24】

次の文章を読み、問題についてそれぞれA、B、Cのいずれに当てはまるか判断してクリックしなさい。ただし、問題には、AとCに該当するものが必ず1つ以上含まれています。

和歌は古代社会の産物である。古代社会とは貴族社会のことである。貴族が自分たちの心を表すために生み出し、完成させた詩が和歌であった。もちろん、『万葉集』を含めて。だとすれば、当然、古代社会が崩壊して、中世社会(鎌倉・室町時代）へと移行したことによって、和歌は衰亡してもおかしくなかった。担い手となる階層が力を失っていくのだから、彼らの表現手段も衰退するのが当然であったろう。しかし、和歌は滅びなかったし、縮小もしなかった。むしろ担い手となる階層を広げ、前代と比較にならぬほど大量の歌が作られた。

中世に入って和歌世界がさらに拡大した大きな要因の一つに、和歌が教育と結びつき、修業や精神修養の役割も兼ねるようになったことを挙げておきたい。文語としての日本語の精髄であり、物語など散文を含めた他の多くの文学作品、さらに演劇・美術・工芸などさまざまな文化領域ともかかわりが深い和歌は、基礎的教育科目として理想的はものと見なされた。なかでも、自分で作れるところがいい。詠むことによって、その世界に参加できるからである。例えば、『源氏物語』をふまえた和歌を作ることで、この大長編を読破し我が物としたと、誇らしげに示すことができる。もっとも実際には、ダイジェスト版が用いられることが多かったのだが。和歌を作ることによって、和歌世界のみならず「みやび」の世界に参入し参加している、という実感を得ることが可能になるのである。この和歌の参加感を、集団制作の形をとって、さらに直接的に感じ取られるものとしたのが、中世に流行した連歌である。

問93　和歌は文化的な領域と密接に関係している。

○ A　○ B　○ C

問94　和歌が後世まで存続したのは教育と結びついたからである。

○ A　○ B　○ C

問95　もし古代社会が崩壊していなければ和歌は衰退していただろう。

○ A　○ B　○ C

問96　和歌は長い時間を経て連歌に変わっていった。

○ A　○ B　○ C

A　筆者が一番訴えたいことが書かれている。
B　長文に書かれてはいるが、一番訴えたいことではない。
C　この長文とは全く関係ないことが書かれている。

練習問題 解答（165～209ページ）

【問題１】

【文章解説】

この文章の構成は、

①今の世の中はマニュアル化が進んでいる。

②さらに、マニュアルすら軽視し手抜きやミスが起こっている。

③マニュアルは高度な技術を一般化したもので、利用には思考力が必要。

④しかし、マニュアルを過信しミスが発生している。

となる。

この文章の流れから筆者の主張は、「マニュアルは高度な技術を一般化したもので、利用には思考力が必要」ということ。

問１　解答：C

「高度な技術を修得することでミスを減らせる」とはどこにも書かれていないので、Ｃが正解。

問２　解答：A

第２段落に「マニュアルとは、……そこには個々の人の思考力が必要とされるはず」と書かれ、これが筆者の一番訴えたいことなので、Ａが正解。

問３　解答：B

第１段落の終わりに「『ばか正直にやっても……。ちょっと手抜きしてもわからないだろう』と手抜きやチェックミスが横行してはいないだろうか」と書かれてはいるが、筆者の一番訴えたいことではないので、Ｂが正解。

問４　解答：C

第２段落に「大企業まで、一連の不祥事として起きている」と書かれているだけで、「思考力が欠けている」とまでは記述されていない。よって、Ｃが正解。

【問題２】

【文章解説】

この文章の構成は、冒頭から３行の「相互既定の悪循環が形成される」ということと、以降の「建設面の要因がからむ」ということの２つからなる。

問5　解答：C

「人類滅亡の危険性があると人々は恐怖から逃れることが出来ない」とはどこにも書かれていないので、Ｃが正解。

問6　解答：B

最後の文章に「その上、国家だけが社会保障の責任をもつという福祉国家の考え方は、国家だけが暴力の合法的行使者であるという国家主権を強めるものに一役を担っている」と書かれてはいるが、筆者の一番訴えたいことではないので、Ｂが正解。

問7　解答：A

冒頭から３行目までに「核兵器をもつと思想的帝国主義と良心の麻痺とが相互の悪循環を起こす」という内容が書かれており、これは筆者の一番訴えたいことなので、Ａが正解。

問8　解答：C

１〜３行目に「思想的帝国主義がひどくなると、一層核兵器に対する良心の麻痺が進行するという形で、まず相互既定の悪循環が形成されている」とあり、４行目には「戦争・殺人技術の異常な進歩に比して」とあるが、「核兵器に対する良心の麻痺」と「戦争・殺人技術の進歩」の関係性については書かれていないので、Ｃが正解。

【問題３】

【文章解説】

冒頭で「偉大な思想家の思想というものは、自分の考えが進むにしたがって異なって表れてくる」とあり、次に例示がされる。
それを受けて第２段落のはじめに「私は思う」とあり、その後に来る「書物を読むということは、自分の思想がそこまで行かねばならない」が筆者の主張となる。

問9　解答：B

第２段落に「偉大な思想家の書を読むには、その人の骨という様なものを掴まねばならない。そして多少とも自分がそれを使用し得るようにならなければならない」と書かれているが、筆者の一番訴えたいことではないので、Ｂが正解。

問10　解答：C

第１段落で加齢とともに偉大な思想家の思想が理解できてくる旨が書かれているが、「歳を取らなければ偉大な思想家の思想を理解することは出来ない」とは書かれていないので、Cが正解。

問11　解答：A
第2段落のはじめにある「私は思う」に続く「書物を読むということは、自分の思想がそこまで行かねばならない」が、筆者の一番訴えたいことなので、Aが正解。

問12　解答：B
第2段落に「偉大な思想家には必ず骨というものがある」と書かれているが、筆者の一番訴えたいことではないので、Bが正解。

【問題4】
【文章解説】
この文章の主旨は、
①面接では誰でも緊張する。
②緊張を和らげるためには、準備をすることが一番。
③準備の方法はいろいろあるが、どれだけ緊張しても、これだけは言えるようにしておこうというものを、1つだけ決めておくとよい。
である。

問13　解答：A
第1段落で、面接では緊張する旨が書かれている。その対処法として最終段落に「『どれだけ緊張しても、これだけは言えるようにしておこう』というものを、1つだけ決めておいてもいいでしょう」とあり、これが筆者の一番訴えたいことなので、Aが正解。

問14　解答：C
第3段落に、「やはり『準備すること』が一番です」と書かれてはいるが、「準備をしていないと何をしても無駄である」とは書かれていないので、Cが正解。

問15　解答：B
冒頭に「ビジネスでも採用面接でも、『プレゼンテーション』の場面で緊張しない人はいない」と書かれているが、これは本論の導入に過ぎず、筆者の一番訴えたいことではないので、Bが正解。

問16　解答：C
第6段落に、緊張して何も言えなくなったら「メモを見ながらお答えしてもよろしいでしょうか」と承諾を得るようにと書かれているが、「メモを取ったものを読めばいい」とまでは書かれていないので、Ｃが正解。

【問題５】

【文章解説】

この文章の主旨は、

①話が長く、一方的に話すと、双方向のコミュニケーションが活発化しない。

②会話のキャッチボールを増やすには、相手が質問したくなるように、ポイントを絞って話す。

③アピールを小出しにし、相手に「突っ込みどころ」を提供するのは有効である。

となる。

問17　解答：C

第１段落に、「話が長いというのは、単に時間的な長さの問題だけでなく、『双方向のコミュニケーションが活発化しない』という状況でもあります」と書かれているが、思いがうまくまとまっていないかどうかについては書かれていないので、Ｃが正解。

問18　解答：B

第１～２段落に、面接官が話の長い人を嫌う旨は書かれているが、これは筆者の一番訴えたいことではないので、Ｂが正解。

問19　解答：C

第７～８段落に経験の話が書かれているが、面接官が興味を持つのは、経験談を選んで話すという使い方に対してなので、Ｃが正解。

問20　解答：A

第４～５段落に、「会話のキャッチボールを増やすには、相手が『質問したくなる』ようにしましょう。何もかも話してしまうのではなく、ある程度ポイントを絞るのが、１つの手」と書かれていて、そのあと事例へと続く。これが筆者の一番訴えたいことなので、Ａが正解。

【問題６】

【文章解説】

この文章の構成は、

①面接で「今まで、どんな失敗をしてきましたか？」に何と答えるか。

②自分のマイナス部分を伝えることには抵抗がある。

③自己アピールのチャンスを与えられていると考える。

④失敗にどう対処したのか。失敗の原因をどう分析したのか。失敗をふまえ、どんなことを心がけるようになったのか。そこまで語れると、プラス評価につながる。
となる。

問21　解答：B

第６段落に、「失敗体験を聞かれると、欠点を探られていると思うかもしれません。確かにそういう意図で質問をする面接担当者もいるかもしれませんが、それよりも『経験を蓄積し、そこから学び取れる人かどうか』が注目されている」と書かれてはいるが、筆者の一番訴えたいことではないので、Ｂが正解。

問22　解答：A

第８段落に、「失敗にどう対処したのか。失敗の原因をどう分析したのか、失敗をふまえ、どんなことを心がけるようになったのか。そこまで語れると、プラス評価につながります」とあり、これが筆者の一番訴えたいことなので、Ａが正解。

問23　解答：B

第９段落に、「嫌なことは忘れて、前向きに気持ちを切り替えるというのも、悪いことではないと思います」と書かれているが、ここが筆者の一番訴えたいことではないので、Ｂが正解。

問24　解答：C

「面接官は質問に困ったら失敗談を聞きたがる」とは書かれていないので、Ｃが正解。

【問題７】

【文章解説】

この文章の構成は、
①採用面接では「話が長い」という理由で不採用になるケースが多い。
②自分は必要だと思って話しても、相手にとって必要な情報とは限らない。
③相手企業との「接点」を見つける。
④「接点」はあらかじめ企業研究をしっかり行うことで見つかる。
となる。

問25　解答：B

第２段落に、「採用面接でも、『話が長い』という理由で不採用になるケース、実は多いのです」と書かれているが、これは筆者の一番訴えたいことではないので、Ｂが正解。

問26 解答：C

第４段落に、応募者の話の内容に、自社との接点が見つからなければ、その話はたとえ１分でも「長いな、うっとうしいな」という印象を与える旨が書かれているので、全く関係ない。よって、Ｃが正解。

問27 解答：A

第６段落に、「『接点』とは、相手企業が必要としているもの。……相手が求め、興味を示すポイントです」と書かれていて、これが筆者の一番訴えたいことなので、Ａが正解。

問28 解答：C

第５段落に、「自分は必要だと思って話していても、相手にとって必要な情報とは限らない。それを意識できないと、限られた時間をムダに過ごしてしまうばかりか、マイナスの印象を残してしまいます」とあるように、たくさん話すだけではマイナス印象になる危険性が高くなる。よって、全く関係ないことが書かれているので、Ｃが正解。

【問題８】

【文章解説】

この文章の構成は、

①就職活動では、企業とのコミュニケーション力が大切である。

②ただし、企業によって求めるコミュニケーションスタイルが異なるし、自分の都合のいいようにコミュニケーションを解釈しないように注意したい。

③ビジネスシーンでのコミュニケーションにおいても、採用面接においても、抽象的な言葉を安易に使うと、理解が乏しいと思われる危険性がある。

④抽象化された言葉を使うのではなく、自分自身の解釈で具体化した言葉を用いるようにしたい。

となる。

問29 解答：A

文章全体を通して、コミュニケーションは企業によっても異なり、使う人によっても意味が変わるので、そのギャップがなくなるようにできるだけ具体的な言葉で話すことが必要である旨が書かれている。これは筆者の一番訴えたいことなので、Ａが正解。

問30 解答：C

第２～３段落に、企業によって求めるコミュニケーションスタイルが異なることや、学生目線でコミュニケーションという言葉の定義を、自分の都合のいいように解釈しないようにする旨は書かれているが、「コミュニケーションという言葉を使うとお互い理解しやすくなる」とは書かれていない。よって、Cが正解。

問31　解答：C

面接担当者とコミュニケーションを取る方法が書かれている文章なので、設問文は全く関係がない。よって、Cが正解。

問32　解答：B

第２段落に、「『コミュニケーション』と表現しても、『初対面の人とすぐに打ち解けられるコミュニケーション力』もあれば、『相手の話をじっくり聞き、共感できるコミュニケーション力』を求める企業もあります」とあるように、企業ごとに理解や定義が異なることが書かれていて、設問文は正しい。しかし、これは筆者の一番訴えたいことではないので、Bが正解。

【問題９】

【文章解説】

この文章の主旨は、

①「ロジカルシンキング」を鍛えることは、これからのビジネス社会を生き抜こうとするビジネスパーソンにとって非常に重要といえる。

②採用面接において、ロジカルシンキング力をアピールできる受け答えのノウハウが浸透しているが、ロジカルシンキングを意識するあまり、面接がうまくいかないケースも多々ある。

③話を理論で固めるあまり、「思い」「感情」がこもる余地がなくなると、相手の心を揺り動かすことができない。

④ビジネスにおいても採用面接においても、「ロジカル」と「パッション」のバランスを取ることが非常に大切。

である。

問33　解答：C

第２段落では、採用面接におけるロジカルシンキング力をアピールする方法の有効性が書かれているが、第３～４段落ではロジカルシンキングを意識しすぎて話すことの問題点が書かれている。よって、「すべてうまくいく」とは書かれていないため、Cが正解。

問34　解答：B

第１段落に「『ロジカルシンキング』を鍛えることは、これからのビジネス社会を生き抜こうとするビジネスパーソンにとって非常に重要といえるでしょう」とあるが、これは筆者の一番訴えたいことではないため、Bが正解。

問35 解答：A

第５段落に「ビジネスにおいても採用面接においても、『ロジカル』と『パッション』のバランスを取ることは非常に大切」と書かれていて、これが筆者の一番訴えたいことなので、Aが正解。

問36 解答：C

第５段落に「ロジカルシンキングの習慣を身に付けると同時に、『思いを込める』ということをコミュニケーションの原点として、ぜひ心に留めておいていただきたいと思います」とあり、「自分の素直な気持ちなどは必要ない」とは書かれていない。よって、Cが正解。

【問題10】

【文章解説】

この文章の構成は、

①希望の会社の面接を受ける局面に立たされると、自分に不足しているものが急に気になり始めるが、高い能力や業績はすぐに得られるものではない。しかし、「やる気」であれば、ものの数秒で手に入れることができる。

②人材市場では、どんな高性能自動車（知識やスキルがある人）でも、ガソリン（やる気）が入っていなければ必要とされないため、ガソリンは大切。しかも、あっという間に満タンにすることができる。

③ゼロの状態からやる気を充てんするのは簡単ではないため、自分が前向きな気持ちになれるフレーズを用意しておくのがよい。

④日本電産の永守社長の発言に「人の能力の差はせいぜい５倍くらいのもの。しかし、やる気は人によって100倍以上の差がある」というものがある。実際に、人材採用の際に「やる気」を最優先する企業は、決して少なくない。

⑤どうもやる気が起きないという場合、今の状況をいろいろな角度からとらえてみるのもよい。自分にとっての「元気が出るスイッチ」を発見できるかもしれない。

である。

問37 解答：C

第５段落に「人材市場では、どんな高性能自動車（知識やスキルがある人）でも、ガソリン（やる気）が入っていなければ必要とされないのです」とあり、高いスキルや実績のある人でもやる気次第では面接で落ちることが言及されている。よって、Cが正解。

問38 解答：B

第8〜9段落に「日本電産の永守社長がこんなことを語っていました。『人の能力の差はせいぜい5倍くらいのもの。しかし、やる気は人によって100倍以上の差がある』」とあり、筆者もこれには異論を唱えていないので、設問文の内容は正しい。しかし、これは筆者の一番訴えたいことではないので、Bが正解。

問39 解答：A

第8〜9段落での日本電産の永守社長の発言だけでなく、第10段落で「実際、人材採用の際に『やる気』を最優先する企業は、決して少なくないのです」とあることからも、設問文の内容は正しい。また、第1〜4段落では、面接直前に高いスキルや能力がないことを気にしだす人へのアドバイスとして「やる気の重要性」を挙げていて、以降の文章はその理由ややる気を出す方法の解説となっている。
以上より、この文章全体を通じて「高いスキルや能力よりもやる気を出せる人のほうが企業は重視している」ことが筆者の一番訴えたいことであり、設問文の内容はこれに合致している。よって、Aが正解。

問40 解答：C

冒頭に「希望の会社で面接を受ける。そんな局面に立たされると、自分に不足しているものが急に気になり始めるものです」とあるが、「心配する余裕はない」とはどこにも書かれていない。よって、Cが正解。

【問題11】

【文章解説】

この文章の主旨は、
①「いろいろと比較検討した結果、御社を選びました」と「いろいろと探した結果、御社を見つけました」では、後者のほうが成長の可能性を感じられる。それは、主体的・能動的に情報を取りに行った姿がイメージできるからである。
②情報社会で育ってきた人たちは、要領よく情報を集め、必要なものを選び出すのがとても上手だが、自分が全く知らないものを探求しようとする「サーチ感覚」が欠けているように感じられる。
③実際、就職活動をする学生は、「一般消費財」を扱うメーカーなどを希望する傾向が強い一方、B to Bビジネスを展開したり、部品・素材などを扱ったりしている企業の存在には気付いていない。
④就職では「企業選び」という言葉がよく使われるが、「企業探し」という意識で臨んだほうが、きっと可能性は広がるはず。手が届く範囲で情報を集めるところからスタートし、その中で何か気になるキーワードを見つけたら、それについて徹底的に調べてみることが大切である。

となる。

問41　解答：C
第1～6段落では、「いろいろと比較検討した結果、御社を選びました」という人について、筆者が採用担当者だった場合に「限られた選択肢の中だけで判断したような『受け身』の印象を受ける」という理由で低く評価している。しかし、実際の企業の面接で採用される人に関して、「面接で採用される人は企業をよく比較検討してきた人である」とはどこにも書かれていない。よって、Cが正解。

問42　解答：C
第7段落に「情報社会で育ってきた人たちは、……自分が全く知らないものを探求しようとする『サーチ感覚』が欠けているように感じるのです」と書かれており、「長けている」とは明らかに逆である。よって、Cが正解。

問43　解答：B
第7～8段落では「サーチ感覚」に欠けている人たちにサーチ感覚を身に付けてほしい旨が書かれていて、第9段落では、就職活動をしているサーチ感覚に欠けた学生の具体例として、「彼らは、B to Bビジネスを展開していたり、部品・素材などを扱っている魅力的な企業の存在に気付いていません」と紹介している。よって、筆者はサーチ感覚を身に付けてB to B企業にも目線を向けられることを望んでいるといえるため、設問文の内容は正しい。しかし、これは筆者の一番訴えたいことではないので、Bが正解。

問44　解答：A
第10段落では「就職では『企業選び』という言葉がよく使われますが、『企業探し』という意識で臨んだほうが、きっと可能性は広がるはずです」と書かれている。また、「いろいろと探した結果、御社を見つけました」という人について、第8段落では「少し踏み込んで探っていけば、思いがけない新発見があるかもしれない」と、可能性が広がっていくことが述べられている。
以上より、「企業探し」をする人は可能性が広がり、「企業選び」をする人はそうした広がりが期待できないといえるため、設問文の内容は正しい。これは筆者の一番訴えたいことなので、Aが正解。

【問題12】
【文章解説】
この文章の構成は、
①模擬面接をしていると、威圧的な印象を受ける人がいる。その原因は、アゴが

上がっているせいであり、本人は自覚しておらず、指摘を受けてはじめて気付くケースがほとんどである。
②どんな人にもクセはある。それをチェックするには、鏡を見ながら話したり、自分の話している姿を録画してみたりする方法がある。
③面接での第一印象が劇的に良くなるには、相手への感謝の気持ちを持つこと。感謝の気持ちを持つと受け答えに誠意がこもり、それが相手にも伝わり、心を開いてもらいやすくなる。
④よって、鏡に向かってあいさつの練習をするときには、「感謝の気持ち」をこめてみるとよい。自分自身の表情も意外に変化していることに気付くかもしれない。
である。

問45　解答：C

冒頭に「模擬面接をしていると、何となく横柄というか、威圧的な印象を受ける人がいます」とあるが、これは無意識にアゴが上がっているせいで受ける印象に過ぎず、「威圧的にふるまう」とは異なる。よって、Cが正解。

問46　解答：B

第３段落に「『なくて七癖』なんていいますね。『自分にはクセはないと思っている人でも、７つはある』=『どんな人にもクセはある』ということです」と書かれていて、設問文の内容は正しい。しかし、これは筆者の一番訴えたいことではないので、Bが正解。

問47　解答：C

第６段落に「面接で第一印象が劇的に良くなるのは、素直な感謝の気持ちを持てた瞬間です。……感謝の気持ちを持つことで、受け答えにも誠意がこもります。それは相手にも必ず伝わり、心を開いてくれやすくなるものなのです」とあり、素直な気持ちを持つことで第一印象が良くなり、相手の心を開きやすくなるということは書かれているが、「第一印象のいい人は面接を通過しやすい」とは書かれていない。よって、Cが正解。

問48　解答：A

第６段落に「面接で第一印象が劇的に良くなるのは、素直な感謝の気持ちを持てた瞬間です。……感謝の気持ちを持つことで、受け答えにも誠意がこもります。それは相手にも必ず伝わり、心を開いてくれやすくなるものなのです」とあり、設問文の内容は正しい。また、設問文の内容を実践する方法として、最終段落では「鏡に向かってあいさつの練習をするとき、『感謝の気持ち』を込めてみてください」と言及していることからも、これが筆者の一番訴えたいことである。よって、

Ａが正解。

【問題13】

【文章解説】

この文章は、問題提起→論証→主張という流れで書かれている。
余裕の種類は、時間の余裕・空間の余裕・心の余裕とあり、その中でも心の余裕が問題と提起される。しかし、心の余裕は時間の余裕と空間の余裕と関連性があることが例示される。
そして、最後に「余裕を作る能力は大変重要である」と結ばれる。

問49　解答：A

最終段落に「余裕を作る能力、どんなときも心の余裕を忘れまいとする努力――これらは大変重要なマインド」と書かれていて、これが筆者の一番訴えたいことなので、Ａが正解。

問50　解答：B

第２段落に「いちばん問題なのは心の余裕」と書かれているが、これが筆者の一番訴えたいことではないので、Ｂが正解。

問51　解答：C

第５段落に「誰でもせせこましい部屋よりもゆったりした部屋のほうが心に余裕が持てる」と書かれているが、広い部屋に住む必要があるとは書かれていない。よって、Ｃが正解。

問52　解答：C

最終段落に「余裕を作る能力、どんなときも心の余裕を忘れまいとする努力――これらは大変重要なマインドです。人々が新幹線や飛行機を争って利用しようとするとき、あえて、各駅停車の旅を楽しんでみようという余裕を持ちたいものです。旅行も、人生も、何も超特急だけが素晴らしいわけではありません。要は乗る人の心の余裕がその楽しさの決め手です」とあり、余裕を作る能力には、心の余裕を常に持とうとする姿勢が重要であることがわかる。しかし、「余裕を作る能力は心の余裕が生まれた後で身につくものである」とは書かれていないので、Ｃが正解。

【問題14】

【文章解説】

この文章の構成は、

①「キレ」やすい子は経済観念が乏しい。

②個人の自立の獲得は経済的自立の意識と深い関連がある。

③経済活動の中で自己抑制やルール遵守の精神を学ぶことで社会化を遂げる。

となる。

問53　解答：B

冒頭に「職業柄、『キレ』やすい子やパラサイトシングルと呼ばれる人と会うことが少なからずある。個人的な感想にとどまるが、総じて経済観念が乏しいという印象が強い」と書かれてはいるが、筆者の一番訴えたいことではないので、Bが正解。

問54　解答：C

「子供が自らおこづかいを稼ぐことが大事である」とは書かれていないので、Cが正解。

問55　解答：A

最終段落に「ルールを守らないと、社会人として信用されないという事実を教える。家庭でない他者とつき合うには、互恵性の原則を遵守することを学び、『自分がいやなことは人にするな。自分にしてほしいことを人にしろ。信頼には信頼をもって返す』ことを身をもって知るなかで、人は社会化を遂げていく」と書かれていて、これが筆者の一番訴えたいことなので、Aが正解。

問56　解答：B

最終段落に「家庭でない他者とつき合うには、互恵性の原則を遵守することを学び、『自分がいやなことは人にするな。自分にしてほしいことを人にしろ。信頼には信頼をもって返す』ことを身をもって知るなかで、人は社会化を遂げていく」とあるが、これは互恵性の原則の説明の一部であり、筆者の一番訴えたいことではないので、Bが正解。

【問題15】

【文章解説】

この文章は、過去→現在という流れで書かれている。

過去：教育と生活は一体のものであった。

現在：教育と生活が分離している。

この流れから、「それは種としてのヒトの行動形成のゆがみとしてもとらえられるといいたい」が筆者の主張を表している。

問57 解答：A

最終段落に「その現実的矛盾がいろいろな、非行などに見られる子どもの精神不安などとして現れている。それは種としてのヒトの行動形成のゆがみとしてもとらえられるといいたい」と書かれていて、これが筆者の一番訴えたいことなので、Aが正解。

問58 解答：B

第３段落に「この継承のしくみは社会の階層分化、社会システムの発達、肥大化にともなって分離、分化し、それとともに確立した教育制度には、当然ながら社会システムの一員となる人材養成が求められた」とあるが、筆者の一番訴えたいことではないので、Bが正解。

問59 解答：C

「生きるための技術は人材養成の教育よりも重要視されるべきである」とはどこにも書かれていないので、Cが正解。

問60 解答：B

第４段落にて、巨大化した社会システムの一員となる人材養成によって、人づくりのしつけと生活の場である家庭がさまざまな影響を受けている旨が書かれている。しかし、これは筆者の一番訴えたいことではないので、Bが正解。

【問題16】

【文章解説】

この文章の構成は、
①野生動物は家畜化すると体格が小さくなる。
②それに伴って、歯並びも悪くなる。栄養も偏るため歯周病になる。
③それが家畜化の証拠になることもある。
④また、家畜の性別は雌が圧倒的に高くなると言われる。
である。
この文章の流れから筆者の主張は、「野生動物は家畜化すると体格が小さくなる」ということ。

問61 解答：B

第２段落に「ところが生えてくる歯の大きさは、遺伝的に決まっているため、狭い顎にひしめき合うように歯が生え、歯並びが悪くなる」と書かれているが、筆者の一番訴えたいことではないので、Bが正解。

問62　解答：C

最終段落に雄の話が出てくるが、「雄はなかなか成長しないので食肉化したほうが都合が良い」とは書かれていないので、Cが正解。

問63　解答：A

冒頭に「野生動物が家畜化されると体格が小さくなる」と書かれていて、これは筆者の一番訴えたいことなので、Aが正解。

問64　解答：B

第２段落に「家畜は人間が与える柔らかい餌で育つため、成長期に堅いものを噛まないので顎の発達が悪くなる。ところが生えてくる歯の大きさは、遺伝的に決まっているため、狭い顎にひしめき合うように歯が生え、歯並びが悪くなる。さらに人間が与える餌はしばしば栄養が偏り、不衛生な環境などのストレスと相まって、特に歯のエナメル質の形成不全や歯周病が多発する」と書かれていて、歯並びが悪くなることや歯周病になることの原因が人間の与える餌にあることがわかる。しかし、これは筆者の一番訴えたいことではないので、Bが正解。

【問題17】

【文章解説】

この文章の構成は、

①人は人からの評価を失う時、自分の価値を下げると考える。（他者配慮的）

②他者配慮的生き方を避けようと思っても、結局人はコミュニケーション無しでは生きられない。

③古代からそうだったように現代社会では、人は集団の中で生きている。

となる。

この文章の流れから筆者の主張は、「結局人はコミュニケーション無しでは生きられない」ということ。

問65　解答：A

第２段落に「人は人とコミュニケーションし、群がる欲求も持っているので、生きていくためには嫌でも社会との接点を保たなければならない」、第３段落には「現代社会においても、社会とまったく無関係というわけにはいかない」と書かれている。これらは筆者の主張でもあるので、Aが正解。

問66 解答：C

第３段落で「家に引きこもっていても、それは家族が護ってくれているからで、まったく一人ではあり得ない」と書かれているが、「家族が護ってくれるので引きこもりになっても問題はない」とは書かれていないので、Ｃが正解。

問67 解答：B

冒頭に「対人関係においては、嫌われたり、関係を失ったりすることによって、自分自身が傷つく。そのためにどうしても他者配慮的になる」と書かれているが、これが筆者の一番訴えたいことではないので、Ｂが正解。

問68 解答：C

第２段落に「対人関係を回避し自閉を保つのである。良い評価ももらえないが、嫌な評価も受けなくて済むだろう。しかし、その孤独に耐えられるだろうか。人は人とコミュニケーションし、群がる欲求も持っているので、生きていくためには嫌でも社会との接点を保たなければならない」とあり、対人関係を回避し自閉を保ったとしても生きるためには社会との接点が必要とは書かれているが、「社会との接点は取れる」とは書かれていないので、Ｃが正解。

【問題18】

【文章解説】

この文章の構成は、

①日本の気候は、天気が多様であり、その変化が頻繁。

②雨の降り方だけでもさまざまで、それを区別する名称がそれに応じて分化している点で、日本は世界随一。

③その意味では、「春雨」も「秋風」も外国には無い。

となる。

これらを受けて、「こういう語いの中に日本人の自然観の断片が、濃密に圧縮された形で包含されている」と結論づける。

問69 解答：C

「天気というものが多様であり、その変化が頻繁」と書かれてはいても、「日本ほど天候が激しく変化する国は存在しない」とは書かれていないので、Ｃが正解。

問70 解答：B

冒頭に「日本の気候は、大陸的な要素と海洋的な要素が複雑に交錯している」と書かれているが、これが筆者の一番訴えたいことではないので、Ｂが正解。

問71　解答：A

最後の文章に「こういう語いの中に日本人の自然観の断片が、濃密に圧縮された形で包含されていると考えるのである」とあり、これが筆者が一番訴えたいことなので、Aが正解。

問72　解答：C

２～５行目に「日本の気候には、時間的にも、周期や季節の循環のほかに不規則で急激活発な交代が見られる。雨の降り方だけでも実にさまざまな降り方がある。それを区別する名称がそれに応じて分化している点で、日本はおそらく世界随一ではないかと思われる」とあり、日本の気候の多様性を区別する名称がそれに応じて分化している点で世界随一と言っているのであって、「季節を区別する名称の多様性では世界随一」とは書かれていないので、Cが正解。

【問題19】

【文章解説】

この文章の主旨は、
①劇は大勢の協力によって出来上がる。
②劇に協力するさまざまな人がいる。
③そのことを忘れて劇をするというのは大きな間違いを犯している。
④劇の楽しさ・面白さは、舞台を中心としたすべての人のたがいに同じ感動を分かち合う喜びである。
となる。

問73　解答：B

中盤に「劇の楽しさ・面白さは、舞台を中心としてその周りに醸し出されるすべての人のたがいに同じ感動を分かち合う喜びだとも言える」と劇の醍醐味が書かれてあるが、筆者が一番訴えたいことではないので、Bが正解。

問74　解答：A

冒頭で「劇は大勢の協力によって出来上がるものである」と始まり、その具体例を説明した後、「このことを忘れて劇をするというのはどこかで大きな間違いを犯していることである」と続く。このことから、筆者が一番訴えたいのはここなので、Aが正解。

問75　解答：B

後半に「観客も、舞台に立つ人々と同じように、ある程度劇を楽しく面白くすることができる」「つねに良き観客であるように努めるならば、自ら舞台は活気を帯び、俗に気がのるという結果になる」と書かれているが、筆者の一番訴えたいことではないので、Bが正解。

問76　解答：C

「声を出さないことがマナーである」とはどこにも書かれていないので、Cが正解。

【問題20】

【文章解説】

この文章の主旨は、

①宮沢賢治は「世界がぜんたい幸福にならないうちは、個人の幸福はありえない」と言う。

②幸福は、盲目であること、怠惰であること、狭量であること、傲慢であることによって成立している。

③現代の幸福は日々の生活で感じられるものであり、それこそが幸福である。

④こうした図式こそ、盲目で怠惰で狭量で傲慢である。

となる。

問77　解答：A

第２段落に「幸福は、盲目であること、怠惰であること、狭量であること、傲慢であることによって成立している。それが私の基本的考えである」とあるように、これが筆者の一番訴えたいことなので、Aが正解。

問78　解答：B

第４〜５段落に「ある一点に焦点を当てれば、自分の望んでいたことがかなえられたとしても、自分の信念に冷静に照らし合わせてみたり、世間の声に耳を傾けたり、他人に及ばず波及効果まで視野に入れると、――暴力的に思い込むのでないかぎり――単純に幸福に到達したとは言いきれないのだ」とは書かれているが、筆者の一番訴えたいことではないので、Bが正解。

問79　解答：C

「慎ましい幸福」とは個人の幸福の１つである。第１段落では宮沢賢治の言葉として「世界がぜんたい幸福にならないうちは、個人の幸福はあり得ない」とあり、筆者もこれを支持している。これは裏を返せば「世界がぜんたい幸福になれば、個人の幸福も実現する(可能性がある)」となり、設問文と矛盾する。よって、間違っているのでCが正解。

問80　解答：C
第３段落に「『幸福』という言葉の現代的響きは、全世界を制覇するとか、仕事で大成功するとか、名声をかち得るというようなことにはなくて、──それはなぜか現代では幸福ではないように思われている──どんな平凡人でも、いや平凡人だからこそ、日々の生活を振り返ればしみじみと感ずることができるものに求められることが多い」とあり、平凡人は日々の生活の中で感じられる幸福を求めることが多いとは書かれているが、「幸福とは平凡な人の生活の中にのみ感じることができる」とは書かれていないので、Ｃが正解。

【問題21】

【文章解説】

この文章の主旨は、

①血統書付きのイヌやネコは厳しく管理されているが、「純粋雑種」は繁殖管理の埒《らち》外にある。

②ここに家畜とペットの微妙な差がある。

・家畜は管理を徹底し、繁殖まで操作する。

・ペットは自分の言うことを聞いてくれる従順な存在であれば十分。

・家畜は人間に慣れることは必須ではない。

・ペットは飼い主に慣れることが第一条件。

となる。

つまり、ペットは自分の思い通りに行動してくれることが最高であると結論づける。

問81　解答：A
最後の文章に「飼い主にとっては、自分の思いどおりに行動してくれるペットこそ最高なのである」とあるように、これが筆者の一番訴えたいことなので、Ａが正解。

問82　解答：B
冒頭に「血統書付きの由緒あるイヌやネコは厳しく管理されている」とあり、第２段落に「家畜はあくまでも管理を徹底し、より生産性の上がる血統を作ろうとして繁殖まで操作しようとする」と書かれているが、筆者の一番訴えたいことではないので、Ｂが正解。

問83　解答：B
第３段落に「よく映画やテレビなどで、農家で飼われていたウシの子どもが売られてゆくとき、家族が涙を流して別れを惜しむという場面がある。家畜が飼い主に慣れ親しんでしまったことの悲劇である」と書かれているが、筆者の一番訴えたいことではないので、Bが正解。

問84　解答：C

第2段落の最後に「人間にとって都合のよい動物に作られてしまっている。……人間に飼われることにみごとに適応している」とあり、イヌとネコは人間の都合でペットになっていることが書かれている。また、第3段落のウシの例は、飼い主＝人間の感情によってペットとして扱われてしまったという説明である。以上より、設問文の説明は間違いであり、Cが正解。

【問題22】

【文章解説】

この文章の主旨は、
①国際化の問題はコミュニケーション問題である。
②それは情報化にかかわる情報的コミュニケーションの問題でもある。
③また、異文化理解に象徴されるような文化交流の問題ともいえる。
④この両側面は、共通意識をつくり出している反面、文化交流の問題をシビアにしている。
となる。
そして、最後に、情報化の進展は諸活動の効率やネットワークを進めるが、文化的価値や規範の対立を起こす可能性があると結論づける。

問85　解答：B

第2段落に「それは一方で、現代の大きなトレンドの一つをなす『情報化』にかかわる情報的コミュニケーションの問題でもある」とあり、後半では「国際化にともなうコミュニケーション問題とは、異文化理解に象徴されるような『文化交流』の問題といえよう」と書かれているが、筆者の一番訴えたいことではないので、Bが正解。

問86　解答：B

最後の文章に「情報化の進展は、一面では、諸活動の効率やネットワーク化を進めていくわけであるが、他面では、逆に諸活動の背景にある文化に関しては、価値や規範の対立をいっそう浮き彫りにすることもある」と書かれているが、「功罪共に存在している」だけでは筆者の一番訴えたいことになり得ないので、Bが正解。

問87　解答：A

最後の文章に「情報化の進展は、一面では、諸活動の効率やネットワーク化を進めていくわけであるが、他面では、逆に諸活動の背景にある文化に関しては、価値や規範の対立をいっそう浮き彫りにする可能性があるのである」と書かれていて、これが筆者の一番訴えたいことなので、Aが正解。

問88　解答：C

第１～２段落にて、国際化の問題の１つが情報的コミュニケーションである旨が書かれていて、第２段落では「金、モノ、ヒトが国境を越えて流動する場合にも、いうまでもなく、情報的コミュニケーションは不可欠」とある。しかし、「国際化のコミュニケーションは、金・モノ・ヒトを超えて考える問題である」とは書かれていないので、Cが正解。

【問題23】

【文章解説】

この文章の構成は、

①異文化を学ぶと人間の違いに驚かされる。これを多様性という。

②他方、表向きは違えどどの集団でも同じことをしていることもよくある。これを普遍性と呼ぶ。

③多様性を否定せず学ぶことが異文化理解の出発だが、対等に話し合うためにも文化の普遍性にも目を向けるべき。

となる。

問89　解答：A

最後の文章に「対等に出会い対話していくためにも、普遍性を探し求める努力を欠かすことはできません」と書かれていて、これが筆者の一番訴えたいことなので、Aが正解。

問90　解答：C

「実際に旅をして異文化に触れることで、より理解することが出来る」とは書かれていないので、Cが正解。

問91　解答：C

第２段落に「だれでも必ず名前をもっていますし、冗談を言い合って笑いますし、子どもを育てたり、亡くなった人たちに思いをはせたりします」とあるが、「人が亡くなれば悲しいと思う」とは書かれていないので、Cが正解。

問92　解答：C

第３段落に「多様性を否定せずにありのまま学ぶことが、異文化理解の出発点です」とあるが、「認め合う」とまでは書かれていないので、Cが正解。

【問題24】

【文章解説】

この文章の構成は、

①和歌は古代社会の産物だが、古代社会崩壊後も衰退しなかった。

②理由として和歌が教育と結びついたことが大きい。

③和歌は自分で作れるところがいい。『源氏物語』をふまえた和歌を作ることで、和歌世界のみならず「みやび」の世界に参入し参加している実感を得ることができる。

④この参加感を、さらに直接的に感じ取られるものとしたのが連歌。

となる。

問93　解答：B

第２段落に「文語としての日本語の精髄であり、物語など散文を含めた他の多くの文学作品、さらに演劇・美術・工芸などさまざまな文化領域ともかかわりが深い和歌」と書かれているが、筆者の一番訴えたいことではないので、Bが正解。

問94　解答：A

第２段落のはじめに「中世に入って和歌世界がさらに拡大した大きな要因の一つに、和歌が教育と結びつき、修業や精神修養の役割も兼ねるようになったことを挙げておきたい」と書かれていて、これが筆者の一番訴えたいことなので、Aが正解。

問95　解答：C

「もし古代社会が崩壊していなければ和歌は衰退していただろう」とはどこにも書かれていないので、Cが正解。

問96　解答：C

第２段落の最後に「この和歌の参加感を、集団制作の形をとって、さらに直接的に感じ取られるものとしたのが、中世に流行した連歌である」とあり、第２段落冒頭の「中世に入って和歌世界がさらに拡大した」という具体例が連歌であることがわかる。しかし、設問文での「長い時間を経て」という時間的な長さや、和歌が「連歌に変わっていった」という記述はどこにも書かれていないので、Cが正解。

第6章

言語
趣旨把握形式

出題形式

1000字程度の長文を読み、筆者の訴えに最も近いものを4つの選択肢のなかから1つ選ぶ形式のテスト。

●10問出題される。
●制限時間は12分。

ポイント

◎一般論にとらわれず、文章内の情報だけで判断すること。

◎1問あたり1分12秒程度で回答していく必要があるため、趣旨にあたる文章を探すことに専念すること。

◎設問文のキーワードから、長文の該当箇所を探すと速く解ける。

◎趣旨は文章の最初か最後の段落にあることが多いので、そこだけ読んで判断できる場合もある。

◎分からない用語は、前後の文脈から推測して判断しよう。

練習問題

➡ 答えは246ページ

❶ 次の文章を読んで、筆者の訴えに最も近いものを４つの選択肢から１つ選びなさい。

享楽と実利を追い求める点において西洋は日本の先達だとはいうものの、享楽と実利の過剰を警戒する点においても西洋の先進性は疑うべくもない。享楽と実利の量的な多寡が問題なのではない。それらを低きに位置づけることを可能にするような価値序列の不在が問われなければならないのである。より正確にいえば、その不在に関する痛覚がかくも衰えたことの原因が探られなければならないのである。

「偽善と欺瞞にみちた処世術」と先にいったのは享楽と実利に奉仕するような処世術のことである。ストア主義もキリスト教もそうであったように、処世についての真正の規則を含むものでなければなるまい。たとえば、「嘘をついてはならぬ」といったような規則の根拠を明らかにしえぬような幸福論は言葉の遊びに終わる。私たちが幸せを謳歌しつづけているこの島国にあっては、「電車のなかでポルノをひろげてはならぬ」という規則すら存在しないのである。よくできた規則の体系は、生活に型を与えてくれるという意味で、幸せではなく、仕合せを保証する。よくできた生活の型、それが仕合せであり、仕合せの基盤を欠いたような幸せは、しょせん享楽と実利に対する近視眼的なこだわりのことなのである。

◯ A　日本では生活に型を与えるような規則すらなく、現在謳歌している幸せは表面的なものにすぎない。

◯ B　現在の日本は享楽と実利が過剰であるため、真の幸せに対して無感覚になってしまっている。

◯ C　享楽と実利を追い求めることは真の幸せではなく、単なる仕合せにすぎない。

◯ D　享楽と実利追求をやめ、処世の真正な規則を身につけることで西洋に近づくことができる。

❷　次の文章を読んで、筆者の訴えに最も近いものを４つの選択肢から１つ選びなさい。

人間の言語は、何か新しいものや事象を言い表す必要がでてきたとき、新しい語を創るということによって対応することもあるが、もともとある語の意味を拡張させたり、発展させたりして使うということがよくある。いわゆる隠喩とか換喩といわれる用法もそれである。そのように、語が転用されて使われると、最初は新鮮な意味を持って迫ってくるが、それも、頻繁に使われるようになると、やがて初めに感じられた新鮮さが失われ、もともとあった活力がなくなってくる。詩人や小説家の仕事の一部は、そのようにして死んでしまった語を再活性化させることであると言われる。つまり、彼らの仕事には、語の本来持っていた意味を覚醒させる、いわゆる＜異化作用＞が含まれているといってよい。

では、形骸化してしまった文化一般を、再活性化させるためには、何がなされなければならないのだろうか。逆説的に聞こえるかもしれないが、それには反文化とも言うべき自然＝渾沌に頼るしかないのである。つまり、秩序を秩序として意識させるためには、＜秩序でないもの＞を掲示することが必要になるというわけなのである。ここに＜祭り＞が必要になってくる理由がある。したがって、＜祭り＞の中では、しばしば日常の秩序が否定され、価値の逆転が行われる。ここで言う＜祭り＞の中には、文字通りの＜祭り＞の他に、エイプリル・フールとかバレンタイン・デイといったものや、さらには、宴会とか慰安旅行といったものも含まれる。例えば、エイプリル・フールの日に嘘をつくことによって、＜嘘をついてはいけない＞という規範が確認され、バレンタイン・デイに女の子から男の子に贈り物を贈ることによって、＜男性が愛情の告白などにおいてイニシアティブをとる＞という社会的規範が逆に明確に意識されるようになってくるわけである。また、会社の宴会や慰安旅行などで、上役と部下の地位が一時的に逆転するような無礼講なども、逆に既存の秩序を際立たせることに役立っているわけである。

◯ A　＜祭り＞は、日常的な秩序の否定、価値の逆転によって解放感を与え、社会的規範を弱体化させる役割を果たしている。

◯ B　文化の一部である言語の活性化は、隠喩や換喩などの＜異化作用＞によって行われており、同様に文化の再活性化は、価値の逆転である＜祭り＞を通して行われる。

◯ C　文化＝秩序の形骸化が発展すると、人間は＜祭り＞という＜異化作用＞によって秩序を解体し、自然＝渾沌へ回帰するという過ちをこれまで繰り返してきている。

◯ D　無礼講などによる価値の逆転によって社会的規範を確認する行為は、形骸化・沈滞化した文化を再活性化させるための妨げになると考えられている。

❸　次の文章を読んで、筆者の訴えに最も近いものを４つの選択肢から１つ選びなさい。

どこの国の言語にも、実用的伝達の目的はもっていないが、人間関係を円滑にする社交語、あいさつ語というものがあることは、これがいかに重要なものであるかを物語っている。安定した社会においては、あいさつ語の機能がとくに問題になることもないかもしれないが、変化がはげしくて、個人と個人の関係が無機的なものになってくると、これが再認識されなくてはならないようになる。

近年のわが国の社会では、新しい人間関係が確立しかけていて、なお、いまだ、安定には達していない。人と人との関係はどうしてもぎこちないものになり、摩擦を生じやすい。

新しい言語表現が浸透しつつあるけれども、まだ、それが美しいことばになるほどの洗練には至っていない。お互いに傷つけるつもりもなくて、ことばで他人の心を傷つけている。小さなトラブルがデパートでも喫茶店でも街頭でも起こっている。

こういう摩擦やトラブルをなくすには、潤滑油としての言語がもっとも有効である。あいさつ語、社交語は要するに潤滑油である。新しい社会的緊張に対処するには新しい社交語、あいさつ語が必要であろう。

その意味において、「対話」などは潤滑油の役割を果たしうるようにできるかもしれない。共通のことばをもたずにおこなわれる対話はかえって断絶を深めるけれども、対立の摩擦を緩和する潤滑油としての自覚があれば、論理的には無益であっても、心理的には効果のある対話が存在しうることになる。

潤滑油としてのことばの機能にもっと注目することは社会としてもきわめて重要なことのように思われる。

- ◯ A　言語のもつ潤滑油としての機能を社会はもっと重視すべきであろう。
- ◯ B　潤滑油としての言語は、論理的には無益でも心理的には有効である。
- ◯ C　社交語・あいさつ語・対話等は、潤滑油としての役割を担っている。
- ◯ D　新しい社会的緊張には、新しいあいさつ語、社交語が必要であろう。

❹ 次の文章を読んで、筆者の訴えに最も近いものを４つの選択肢から１つ選びなさい。

一遍上人は、捨ひじり、と呼ばれた。彼の弟子聖成が伝えるには、念仏とはいかように申すべき、とある人の問うたのにたいして、一遍は、市の聖と呼ばれた空也上人のことばをひいて、ただ一言「捨ててこそ」と答えたと伝えている。時々刻々、臨終の時と心得て、念仏せよと教え、ために、臨時宗と呼ばれたという一遍の旅とは、まさに、いま生きている自分、正確には、時々刻々、無意識の俗世に埋没して死んでゆく己れを捨てて、次の一歩をふみ出すことにあったといっていい。西行や芭蕉の旅も、決して、新しい歌の材料を探して旅するというようなものではなく、想いはつねに死にみちていた。じっととどまっていては、己れの心に、しだいに、かさぶたのように、日常雑事の念がふりつもってゆく。それが安住というものだろう。しかし、その安住のうちに、生きながらにして眠りこけてしまう己れの心を目覚めさせ、真の人間の姿にたちもどるには、今ある己れの棲家を捨てねばならない。己れを捨てることによって、虚心にかえった心眼に、天地自然が新鮮な驚きをまとって姿をあらわす。

◯ A　旅は死を身近なものとして理解するために不可欠なもの。

◯ B　旅は日常から離れることにより、本質的な自己と対面する機会を与えるもの。

◯ C　旅は人との距離を置くことにより、人間愛の素晴らしさを再認識させてくれるもの。

◯ D　旅は道中の体験をもとに、新たな自己を創造する材料を与えてくれるもの。

❺　次の文章を読んで、筆者の訴えに最も近いものを４つの選択肢から１つ選びなさい。

ディベート能力はいかにしたら身につくのであろうか。最近では、日本でも小・中学校間でのディベート大会なるものが実施され、それなりの成果を挙げているようだが、それは一部の学校だけであり、多くの学生はディベート能力を培っていない。そのチャンスがないのである。

私が欧米社会に行って、すばらしいな！　といつも感じるのは、子供がまだ３〜４歳の頃から、親は何か事があると、「君はそれについてどう考えるの？」というように、考えることを促す努力をしていることである。子供は必死で言葉を選びながら、「僕はね、僕はえーとえーと、こう思うの」と、真剣に語ろうとしている。そうした日常生活での積み重ねが一人ひとりの主体的考えを育てていくのである。

しかし、日本では、「○○ちゃんこれはこうですよ！」と、親の価値観、それもその前から受け継いだ価値観に基づく意見を断片的に、そして一方的に押し付けているケースが多い。これではディベート能力の前提として持つべき主体的考えが培われない。

この意味からも、これからはもっと子供たちが自分のことを表現する場を設けるべきである。私は長年、「小学生の時から卒業論文を書かせよ」ということを主張してきたが、それはこうした思いからである。

● A　ディベート能力は生まれながらに身についているものだから、それを鍛えればよい。

● B　全ての日本の親は子供に質問し、それを真面目にとらえて考えることを促している。

● C　ディベート能力を身につけるには、子供が自己表現をする場を増やすことが必要だ。

● D　小学生には作文のほか、生活で感じたことをまとめる卒業論文が必要だ。

❻ 次の文章を読んで、筆者の訴えに最も近いものを４つの選択肢から１つ選びなさい。

ときどき私は子供のカウンセラーをやっているので、家庭でも育児や家事に協力的で、子供に対しても理解のある「良いお父さん」と思われるところがあります。ときには「先生の奥様は幸せですね」と、よい夫であるかのように思われてしまう場合もあります。しかし、現在の私は家庭的に「よい存在」では決してありません。

家庭の外で、どんなに活躍し評価されることがあっても、家庭の中にはそうした外の世界での評価など全く通じない別の価値観の世界があります。

そうした「家庭内評価」は、外の世界でのどのような評価よりも、その人の本質に迫るものではないかと思います。あなたも家庭という一種無防備な世界での自分の言動を振り返ってみてください。あなたの言動に巻き込まれ、ときには喜び、ときには悲しみ、ときには怒りながら生活を共にする者だけが知りうるあなたの姿があるのではないでしょうか。

かつて吉本隆明が、20代で自殺した道の読者の論文にふれた中で、自分の読者に自殺したり狂気に陥ったりする人の多いことを述べ、その理由について「私の絡め手からの辛らつな批判者によれば」云々と記したことがありました。

「絡め手」とは白の裏門をさし、氏の背中を見て暮し、氏の弱点をよく知っている存在、すなわち夫人ではないかとそのとき思いました。

◯A　家族にいい評価をされてこそ一人前と言える。

◯B　家庭内の評価はその人の本質に迫るものである。

◯C　子供のカウンセラーをすると自分をよく見せてしまう。

◯D　家庭とは一種無防備な世界である。

❼ 次の文章を読んで、筆者の訴えに最も近いものを４つの選択肢から１つ選びなさい。

よく「それはできなくはない」とか「やる気がないのではない」とか「自信がないわけではない」というように、否定や二重否定の言葉を連発する人がいる。そのような言葉は、聞く方に「この人は煮え切らない人だ」「言い訳がましい人だ」、「優柔不断な人だ」という印象を持たれやすい。できないのでなければ「できる」と言えばいいし、やる気がないのではなければ「やる気がある」と言えばよい。

会話の中にどれくらいマイナスな言葉や否定語を入れて話しているかを注意して数えてみると、その人が前向きな言葉で話しているかどうかがわかる。どっちつかずの曖昧な会話や否定的な会話はやめて、常に前向きな言葉で話すことは、人付き合いをする上での基本的なルールである。

「あの人と話していると元気になる」「いつも勇気づけられる」というような人があなたの友人や職場にも必ず一人や二人はいるだろう。そういう人は常に物事を前向きに、そして建設的に考えているため、会話に出てくる言葉も、聞く人を元気にしたり、勇気づけたりするものなのだ。

前向きな人と付き合っていると、次第にこちらも前向きな言葉を発するようになるし、生き方も建設的になってくるものだ。逆に否定的な生き方をしている人と付き合っていると、先行きも不安になり、次第に暗く否定的な考え方が移ってしまうものだ。これはインフルエンザのようなもので、悪い病気にかからないように、否定的な人にはできるだけ近づかないようにすることだ。

人は潜在意識の中にいつも否定的な意味を持っていると、次第にその人の人生も否定的なものになってしまう。逆に建設的な言葉を持っていれば、その人の人生は明るく開けたものになってくる。

これは人間の持つ心の力のなせる技なのである。

- ◯ A　常に前向きな言葉で話すようにすれば、人付き合いも人脈作りもよい方向に広がる。
- ◯ B　会話の中に含まれるマイナスな言葉や否定語を数えると、その人が前向きな言葉で話しているかどうかがわかる。
- ◯ C　もし、否定的な考えの友達がいるときは、前向きな考え方ができるように変えてあげるべきだ。
- ◯ D　否定的な考えの人に近づくと否定的な考えが移るので、できるだけ近づかない方がいい。

❽ 次の文章を読んで、筆者の訴えに最も近いものを４つの選択肢から１つ選びなさい。

子供を抱っこすることについて、保育園を二分して意見が割れているというのです。親にもっと親役割を返していくべきで親役割を保育士が肩代わりすべきではない、という意見。これとは反対に、とにかく自分たちは保育士のプロなんだから預かっている間は子供にとって親と同じ役割をすべきだという意見。

それを話された保母さんは私と同じ年代の方で前者の意見の持ち主でしたが、迷ってもいました。その迷いの背景にあるのは子供たちの母親の実態です。かつては校内暴力で荒れた地域で育ち、若くして結婚、夫婦とも家庭を維持していくスキルを身につけておらず、自らも親の離婚を体験してきているなどの背景もあり、クラスの半数が離婚によるひとり親。

しかし、子育て真っ最中のはずの多くの親たちは、まだ遊び足りない感じで「母親であるより女性でいたい」母親であったり、「まるで親意識のない」父親だったり。お弁当を作るのが面倒という理由で遠足を休ませてしまう母親もいる。自分の子供なのに抱きたがらない母親もいる。そのせいか子供たちは母親代わりの保母さんにべったりになるそうです。

母親よりも母親らしい保母さんに終日抱っこを求めてくる子供たち。子供の気持ちを考えると、いっぱい抱っこしてやりたいし、これからの育児や家庭教育を考えると、もっと母親たちに育児を担わせるためにも保母依存の強い子にすべきでないとも思うし…こんな悩みが語られたのです。

このことは私なりに家庭についてあらためて考え直す機会になりました。私自身も家族の力だけでなく、ずいぶんと親代わりの人々にお世話になっていたことを思い出しました。私にとっても家族の代理人はたくさんいたのです。人は血縁関係だけでなく、さまざまな他人がお互いに家族代わりや親代わりとなって成長していくのではないでしょうか。

◯A　子供の成長を考えると、保育園は子供の親代わりをすべきでない。

◯B　これからの若い父親・母親に親としての成長を促す働きかけをすべきである。

◯C　自分自身、ずいぶん親代わりや家族代わりの人々にお世話になってきた。

◯D　人は血縁家族だけでなく、さまざまな他人が互いに家族代わりや親代わりとなって成長していくのではないか。

❾ 次の文章を読んで、筆者の訴えに最も近いものを４つの選択肢から１つ選びなさい。

今日、日本人の生活の中で季節感が喪失しつつあり、それが日本人の文化的・美的センスを弱体化させていることは残念だが事実のようだ。

日本人は本来、無常に流れていく四季折々の季節に敏感であって、そこに日本的文学としての俳句が生まれた。中でも季語という捉え方は極めて貴重な文化的遺産である。しかし今日、エアコンによる住環境の温度調整や野菜などのハウス栽培により、1年を通じて季節感が薄れてきている。季節感が喪失することは人間の持っている感動性をも薄くしてしまう。

エアコンなどは、確かに一時的、短期的には厳しい暑さや寒さから解放してくれるが、本来日本人は四季折々の環境条件の中で生きてきたことを考えると、季節感がなくなっていくことは生活そのものが単調になることを意味している。人間というものは思い出を持って死んでいく生き物であって、その思い出が単調になって情緒もなくなっていくとすれば、憧れや感動すら弱まっていく。

日本人は四季折々の変化を文化的に高めてきたわけであり、茶道一つをとっても四季の味わいをいかに楽しむか、ということが基本になっており、季節に応じた茶室の掛け軸や茶器などを賛美することで観察眼を高め、全体レベルを高めてきた。

何よりも日本の住宅そのものが有機質であり、それ自体が季節に応じて息をする存在であった。人間という有機的生命体が有機質の住宅の中でお互いに息をし合いながら生存している光景は、いずれにしても「無常観」の形成に大きな役割を果たしている。

- A 日本人は四季折々の変化を自然に感じ、それを文化的に高めてきた。
- B 季節の喪失感により、日本人の文化的・美的センスは弱体化している。
- C 人間は思い出を持って死んでいく生き物だから、四季の変化はとても大切なものである。
- D 温暖化による異常気象が日本人の繊細な季節感をも狂わせる結果になっている。

⑩　次の文章を読んで、筆者の訴えに最も近いものを４つの選択肢から１つ選びなさい。

よく日本の文明は調和の文明、そしてヨーロッパの文明は対話の文明という言い方がされる。水田稲作農業を主体とした共同体を形成してきた日本の社会は、民族的にもきわめて同質性が高く、お互いに共通の理解というものがたくさんある。したがって、その共通の理解というものは、語らずしてわかる部分が多いわけであり、「お前わかってくれよ」とか「以心伝心」、「阿吽の呼吸」でお互いのコミュニケーションがすむ可能性が高い。

一方、狩猟牧畜生活を主体としてきたヨーロッパ社会は極めて多民族国家であり、たくさんの文化・言語があるということは、それらの多様な民族がコミュニケーションをするときに「わかってくれよ」という形の理解は難しいのである。

そういった社会では言葉を通して語ったことが全てである。すなわち、対話(ダイアログ）を通してのみコミュニケーションが成立するのである。すべてを言葉で表現するために、言葉そのものに感情を和ませる緩衝材がないと、もろに衝突して葛藤軋轢を強めることになる。その緩衝材こそユーモアである。

そのようにヨーロッパの社会では語ったことが全てであるわけだが、日本の調和文明においては「見えざるを見よ」と言われるごとく、見えざるところには実は重要なコミュニケーションの内容がある。

そういったことで国や地域が変わるとものの表し方・伝え方・説得の仕方というものが違うのだという認識を持って行動することが、ことのほか重要であろうかと思われる。

- A　日本では「阿吽の呼吸」でお互いのコミュニケーションがすむ可能性が高い。
- B　日本の文明は調和の文明、ヨーロッパの文明は対話の文明である。
- C　ものの表し方・考え方などは国や地域によって違うものだという認識を持つことが重要だ。
- D　調和の文明、対話の文明、それぞれの長所を生かしたコミュニケーションをするのが望ましい。

練習問題　解答（235～245ページ）

❶ 解答：A

この文章の流れは、

①享楽と実利を追い求める点や過剰を警戒する点において、西洋は日本よりも先進性がある。
②享楽と実利を低く位置づけることを可能にするような価値序列の不在が問題である。
③享楽と実利に奉仕するような処世術は「偽善と欺瞞にみちた処世術」であり、ストア主義やキリスト教のように、処世について真正の規則を含むものでなければならない。
④規則の根拠を明らかにしえぬような幸福論は言葉の遊びに終わる。一例として、私たちが幸せを謳歌しつづけているこの島国（日本）では、「電車のなかでポルノをひろげてはならぬ」という規則すら存在しない。
⑤よくできた規則の体系は、生活に型を与えてくれるという意味で、幸せではなく、仕合せを保証する。
⑥よくできた生活の型が仕合せであり、仕合せの基盤を欠いた幸せは、享楽と実利にたいする近視眼的なこだわりでしかない。
である。

A　第２段落で「島国にあっては、「電車のなかでポルノをひろげてはならぬ」という規則すら存在しない」とあり、日本に型を与えるような規則がないと述べられている。その直前では、「規則の根拠を明らかにしえぬような幸福論は言葉の遊びに終わる」とあり、日本人が感じる幸せが「言葉の遊び」＝「表面的なもの」であると書かれている。よって、正しい。
B　現在の日本について「享楽と実利が過剰である」とは書かれていない。また、「真の幸せに対して無感覚になってしまっている」とも書かれていない。よって、誤り。
C　「享楽と実利を追い求めることは真の幸せではなく」の部分が、最後の文の「仕合せの基盤を欠いたような幸せは、しょせん享楽と実利に対する近視眼的なこだわりのこと」と異なる。よって、誤り。
D　「享楽と実利追求をやめる」とは書かれておらず、「それら（享楽と実利）を低きに位置づけることを可能にするような価値序列をもつこと」を重視している。よって、誤り。

以上より、Aが正解。

❷ 解答：B

この文章の流れは、
①隠喩や換喩によって語が頻繁に使われるようになると、初めに感じられた新鮮さが失われ、もともとあった活力がなくなってくる。
②詩人や小説家の仕事の一部は、死んでしまった語の再活性化であると言われる。これには、語の本来持っていた意味を覚醒させる＜異化作用＞が含まれている。
③形骸化してしまった文化一般を再活性化させるためには、反文化とも言うべき自然＝渾沌に頼るしかない。
④秩序を秩序として意識させるためには、＜秩序でないもの＞を掲示することが必要になる。
⑤＜祭り＞の中では、しばしば日常の秩序が否定され、価値の逆転が行われる。エイプリル・フールやバレンタイン・デイ、宴会・慰安旅行も、ここで言う＜祭り＞の中に含まれる。
である。

A　＜祭り＞の役割は、「解放感を与え、社会的規範を弱体化させる」ことではなく、既存の秩序を秩序として意識させることである。よって、誤り。
B　文章で述べられているとおりで、筆者の最も訴えたい主張として正しい。
C　＜祭り＞による一時的な秩序の否定や自然＝渾沌への回帰は、形骸化してしまった秩序を秩序の再活性化させる手段として評価しており、「過ち」とはみなしていない。よって、誤り。
D　形骸化した文化を再活性化させる方法として、「価値の逆転によって社会的規範を確認する行為」を挙げているのであって、「妨げになる」とはみなしていない。よって、誤り。
E　＜祭り＞による価値の逆転は、既存の秩序を際立たせる役割を果たしているのであって、「従来の秩序の否定」や「新しい秩序の形成」ではない。よって、誤り。

以上より、Bが正解。

❸ 解答：A

この文章の流れは、
①個人と個人の関係が無機的なものになっているときには、あいさつ語の機能が再認識されるべき。
②新しい人間関係の確立による摩擦やトラブルをなくすには、潤滑油としての言語がもっとも有効。さらに、新しい社会的緊張に対処するには新しい社交語・あいさつ語が必要。
③「対話」などは潤滑油としての役割をはたしうる可能性がある。潤滑油としての

自覚があれば、論理的には無益であっても、心理的には効果のある対話が存在しうることになる。
④潤滑油としてのことばの機能にもっと注目することは社会としてもきわめて重要なこと。
である。

A　最終段落に「潤滑油としてのことばの機能にもっと注目することは社会としてもきわめて重要なことのように思われる」とあり、第１～３段落で言及されている社会的な問題に対する提言となっていることからも、これが筆者の最も訴えたい主張といえる。
B　第５段落で言及されているように「論理的には無益でも心理的には有効である」のは対話についてである。社交語やあいさつ語を含めた言語全体について述べているのではない。よって、誤り。
C　第４～５段落にて、社交語・あいさつ語・対話等が潤滑油としての役割を担っている旨が書かれている。ただし、Ａよりも筆者の主張に欠けるため、最も適当とはいえない。
D　第４段落に「新しい社会的緊張に対処するには新しい社交語、あいさつ語が必要であろう」とある。ただし、その後は対話が潤滑油の役割を果たす可能性があることに論点が移ってしまい、筆者の主張としてはＡよりも弱い。

以上より、Ａが正解。

❹ 解答：B

この文章の流れは、
①「捨ひじり」と呼ばれた一遍は、念仏とは「捨ててこそ」と述べている。
②臨時宗と呼ばれた一遍の旅は、「いま生きている自分（時々刻々、無意識の俗世に埋没して死んでゆく己れ）を捨てて、次の一歩をふみ出すことにあったといえる。
③西行や芭蕉の旅も、想いはつねに死にみちていた。
④安住にある己れの心を目覚めさせて、真の人間の姿にたちもどるためには、今ある己れの棲家を捨てなければならない。
⑤己れを捨てることで、虚心にかえった心眼に、天地自然が新鮮な驚きをまとって姿をあらわす。
である。

A　旅とは、３文目の「無意識の俗世に埋没して死んでゆく己れを捨てる」ことであって、「死を身近なものとして理解するために不可欠なもの」ではない。よって、誤り。

B　旅とは、３文目の「時々刻々、無意識の俗世に埋没して死んでゆく己れを捨てて、次の一歩をふみ出すことにあった」や７文目の「その安住のうちに、生きながらにして眠りこけてしまう己れの心を目覚めさせ、真の人間の姿にたちもどるには、今ある己れの棲家を捨てねばならない」とあるように、日常から離れることによって本質的な自己と対面する機会を与えるものといえる。よって、正しい。
C　旅とは、「人との距離を置く」のではなく、日常雑事の念を捨てることであり、また、「人間愛の素晴らしさを再認識させてくれる」のではなく、真の人間の姿にたちもどらせるのである。よって、誤り。
D　旅とは、今ある己れの棲家を捨てることより、真の人間の姿にたちもどらせるものである。「道中の体験」がきっかけになるわけではなく、また「新たな自分を創造する材料を与えてくれる」わけでもない。よって、誤り。

以上より、Bが正解。

❺ 解答：C

この文章の流れは、
①日本の学生はディベート能力を培うチャンスがない。
②欧米社会では親が子供に考えることを促し、主体的な考えを育てている。
③日本では、親の価値観、代々伝わる価値観に基づく意見を、断片的・一方的に押し付けているケースが多い。
④これからはもっと子供たちが自分のことを表現する場を設けるべきである。
である。
なお、④で「〜するべきである」とあることから、これが筆者の最も訴えたい主張であることが読み取れる。

A　「ディベート能力は生まれながらに身についているもの」とは書かれていない。よって、誤り。
B　「子供に質問し、それを真面目にとらえて考えることを促している」のは欧米社会の親の傾向である。よって、誤り。
C　文章で述べられているとおりで、筆者の最も訴えたい主張として正しい。
D　作文の必要性については書かれていない。また、卒業論文の内容についても「生活で感じたことをまとめる」とは書かれていない。よって、誤り。

以上より、Cが正解。

❻ 解答：B

この文章の流れは、
①筆者は子供のカウンセラーをやっていることで「良いお父さん」と思われることが多いが、家庭的に「よい存在」ではない。
②家庭の中には外の世界の評価など全く通じない別の価値観の世界があり、それは外の世界での評価よりも、その人の本質に迫るものである。
③吉本隆明の読者についての持論を述べた際に登場した「私の絡め手からの辛らつな批判者」とは、吉本の弱点をよく知っている吉本夫人のことと思われる。
である。
なお、①は文章の導入としての位置づけ、③は②の内容の具体例である。

A　第３段落に「『家庭内評価』は、外の世界でのどのような評価よりも、その人の本質に迫るもの」とは書かれているが、「家族にいい評価をされてこそ一人前」とまでは書かれていない。よって、誤り。
B　文章で述べられているとおりで、筆者の最も訴えたい主張として正しい。
C　第１段落に「家庭でも育児や家事に協力的で、子供に対しても理解のある『良いお父さん』と思われるところがあります。ときには『先生の奥様は幸せですね』と、よい夫であるかのように思われてしまう場合もあります」とあるが、そう思わせるようにふるまっているとは書かれていない。また、自分をよく見せたいという欲求についても言及されていない。よって、誤り。
D　第３段落に「あなたも家庭という一種無防備な世界での自分の言動を振り返ってみてください」とは書かれているが、これは単に家庭を比喩的に表現したに過ぎず、筆者の最も訴えたいことではない。よって、誤り。

以上より、Bが正解。

❼ 解答：A

この文章の流れは、
①否定や二重否定の言葉を連発する人は、マイナスの印象を持たれやすい。
②常に前向きな言葉で話すことは、人付き合いをする上での基本的なルールである。
③前向きな人と付き合っていると、こちらも前向きな言葉が出て、生き方も建設的になる。逆に否定的な生き方をしている人と付き合っていると、先行きが不安になり、否定的な考え方が移ってくる。
④潜在意識の中に否定的な意味を持っていると人生も否定的になる。逆に建設的な言葉を持っていれば、人生は明るく開けたものになる。これは心の力のなせる技である。

である。
なお、①は文章の導入としての位置づけである。

A　直接的に言及している記述はないが、第２段落に「常に前向きな言葉で話すことは、人付き合いをする上での基本的なルールである」と書かれていることからも、これが筆者の最も訴えたいことといえる。よって、正しい。
B　第２段落に「会話の中にどれくらいマイナスな言葉や否定語を入れて話しているかを注意して数えてみると、その人が前向きな言葉で話しているかどうかがわかる」とあるが、これは文章の導入として述べている内容であり、著者の主張と深い関わりがあるわけではない。よって、誤り。
C　「前向きな考え方ができるように変えてあげるべき」とは書かれていない。よって、誤り。
D　第４段落に「インフルエンザのようなもので、悪い病気にかからないように、否定的な人にはできるだけ近づかないようにすることだ」とあるが、これは筆者の主張の部分的な側面に過ぎず、筆者の最も訴えたいことではない。よって、誤り。

以上より、Ａが正解。

❽ 解答：D

この文章の流れは、
①保育士の中で、「親役割を保育士が肩代わりすべきではない」「子供を預かっている間は親と同じ役割をすべき」という意見が分かれているらしい。
②この話をした保育士も、親意識のない両親が多くいるという実態から子供を抱っこしてあげたいという思いと、母親に育児を担わせるためにも保育士への依存の強い子供にすべきでないという思いで悩んでいる。
③筆者にとってこれまでの人生において家族の代理人はたくさんいた。人は血縁関係にとらわれず、他人が互いに家族代わりや親代わりとなって成長していくのではないか。
である。
なお、①②は筆者の知り合いである保母さんからの伝聞となっている。よって、ここに筆者の最も訴えたい主張が含まれているとは考えづらい。

A　第１段落に「親にもっと親役割を返していくべきで親役割を保育士が肩代わりすべきではない」という記述があるが、これは保育士の意見の１つである。第５段落に「人は血縁関係だけでなく、さまざまな他人がお互いに家族代わりや親代わりとなって成長していくのではないでしょうか」とあり、真逆の主張をしている。よって、誤り。

B　「これからの若い父親・母親に親としての成長を促す働きかけをすべきである」とは文章では述べられていない。よって、誤り。
C　第5段落に「私自身も家族の力だけでなく、ずいぶんと親代わりの人々にお世話になっていたことを思い出しました」と書かれているが、これは事実を述べているに過ぎず、筆者の主張ではない。よって、誤り。
D　文章で述べられているとおりで、筆者の最も訴えたい主張として正しい。

以上より、Dが正解。

❾ 解答：B

この文章の流れは、
①日本人の生活の中で季節感が喪失しつつあり、それが文化的・美的センスを弱体化させている。
②日本では季節感によってさまざまな文化が生まれていたが、エアコンなど季節性を薄めるものの登場によって季節感が薄れ、それにより感動性も薄れてきている。
③季節感がなくなることは生活が単調になるということであり、思い出が単調になって情緒が失われていくと、憧れや感動すら弱まっていく。
④四季折々の変化をとりいれて文化的に高度化した1つの例が茶道である。
⑤日本の住宅の有機質とそこに住む人が「無常観」を形成した。
である。
②③は①の現状について掘り下げている。一方、④⑤は①について季節感があったころの日本について解説している。以上のように、この文章では①が筆者の主張であり、以降はすべてその裏付けとなっている。

A　第5段落に「日本人は四季折々の変化を文化的に高めてきたわけであり」とは書かれているが、一般的な事実として述べているに過ぎず、著者の最も訴えたい主張ではない。
B　文章で述べられているとおりで、筆者の最も訴えたい主張として正しい。
C　「四季の変化はとても大切である」のではなく、四季の変化を敏感に感じ取ることが大切で、その季節感が喪失しつつあることを危惧している。よって、誤り。
D　温暖化による異常気象については書かれていない。よって、誤り。

以上より、Bが正解。

⑩ 解答：C

この文章の流れは、
①よく日本の文明は調和の文明、ヨーロッパの文明は対話の文明という言い方がされる。
②日本社会は民族的な同質性が高く､共通の理解が多くあることから､「以心伝心」「阿吽の呼吸」でコミュニケーションがすむ可能性が高い。
③ヨーロッパ社会は多民族国家で文化・言語が多いため、言語以外でのコミュニケーションは難しい。
④ヨーロッパのような社会では対話(ダイアログ)を通してのみコミュニケーションが成立する。その際に用いられる感情を和ませる言葉の緩衝材がユーモアである。
⑤日本の調和文明では見えざるところに重要なコミュニケーションの内容が存在する。
⑥国や地域が変わるとものの表し方・伝え方・説得の仕方というものに違いが出ることを認識して行動することが重要。
である。
なお、①の解説として、②⑤で日本社会について、③④でヨーロッパ社会について言及している。その総括として⑥がある。よって、筆者が最も訴えたい主張は⑥であると読み取れる。

A　第1段落に「『お前わかってくれよ』とか『以心伝心』、『阿吽の呼吸』でお互いのコミュニケーションがすむ可能性が高い」とあるが、これは一般的な事実として述べられているに過ぎず、筆者の最も訴えたい主張ではない。よって、誤り。
B　第1段落に「よく日本の文明は調和の文明、そしてヨーロッパの文明は対話の文明という言い方がされる」とあるが、これは一般的な事実として述べられているに過ぎず、筆者の最も訴えたい主張ではない。よって、誤り。
C　文章で述べられているとおりで、筆者の最も訴えたい主張として正しい。
D　「調和の文明、対話の文明、それぞれの長所を生かしたコミュニケーションをするのが望ましい」とは書かれていない。よって、誤り。

以上より、Cが正解。

第7章

英語
GAB形式

出題形式

設問文が以下の3つのいずれであるかを選ぶ形式のテスト。

A 本文の論理から考えて正しい

The statement is patently TRUE or follow logically, given the information or opinions contained in the passage.
(本文の情報または主張から、設問に書かれている内容は論理的に導けるか、明らかに正しい)

B 本文の論理から考えて間違っている

The statement is patently UNTRUE or the opposite follows logically, given the information or opinions contained in the passage.
(本文の情報または主張から、設問に書かれている内容は論理的に導くと本文と反対のことが書かれているか、明らかに間違っている)

C 本文からだけでは論理的に判断できない

YOU CANNOT SAY whether the statement is true or untrue or follow logically, without further information.
(さらに情報がなければ、設問に書かれている内容が正しいか間違っているか、または論理的に導けるかどうかは言うことができない)

- **合計24問。長文が8題あり、それぞれ3つの設問が出題される。**
- **制限時間は10分。**
- **辞書の使用が可能。**

ポイント

◎先に設問文の意味を理解してから本文を読むと速く解ける。
◎本文の文脈から、確実に正しいといえるものと、間違っているといえるものを的確に判断していこう。
◎意味のわからない単語は無視して、全体の流れをつかむこと。

練習問題

➡ 答えは272ページ

【問題1】

Read the next and choose the best description for each of the question that follow.

Contrary to a popular belief abroad, Tokyo is actually a city with plenty of greenery. Packed trains, road crossings flooded with people, and crammed buildings with wild and vivid neon signs are certainly part of city life. The hectic speed of life in the capital, however, is not without slow-paced and soul-healing exceptions. there are spacious parks, and the streets are flanked by well maintained trees. Seen from a helicopter hovering above, one is surprised to witness the green colors filling the capital. Nowadays, with the advent of internet services such as Google Earth, it has become easier to confirm for yourself that this is true.

Question 1. Packed trains don't exist in Tokyo.

○ A ○ B ○ C

Question 2. There is popular belief abroad that Tokyo is a city with plenty of greenery.

○ A ○ B ○ C

Question 3. One of the"soul-healing exceptions"is the presence of spacious parks.

○ A ○ B ○ C

A The statement is patently TRUE or follow logically, given the information or opinions contained in the passage.

B The statement is patently UNTRUE or the opposite follows logically, given the information or opinions contained in the passage.

C YOU CANNOT SAY whether the statement is true or untrue or follow logically, without further information.

【問題2】

Read the next and choose the best description for each of the question that follow.

Malala Yousafzai has never been ordinary. When she was just 11 years old, she started blogging about the Taliban takeover of her hometown of Mingora, in northwestern Pakistan. Taliban members follow an extreme version of Islam, and believe girls should not go to school. Classrooms throughout the Swat district of Pakistan, where Malala lived, were closed for several months. Malala spoke out about her desire to go back to school. "All I want is an education," she told one television broadcaster.

Malala was later able to return to class. But she continued to blog and speak out about girls' right to education. On October 9, 2012, the Taliban tried to silence her. A gunman boarded the truck she and her classmates used as a school bus and shot her in the head. Malala survived, and showed great courage and optimism during her long recovery. During this time, she became a symbol of the struggle for girls' rights all over the world. Nine months after she was shot, she gave a now-famous speech at the United Nations, in New York City. "They thought that the bullets would silence us. But they failed," she said. "And then, out of that silence came thousands of voices. … Weakness, fear and hopelessness died. Strength, power, and courage was born."

Malala has also become an international symbol for peace. In 2011, she won Pakistan's National Youth Peace Prize, which has since been renamed the National Malala Peace Prize. After winning the 2014 Nobel Peace Prize, Malala said the prize was an "encouragement" to go forward with her mission to help kids. "I want to tell children all around the world that they should stand up for their rights," she said. "This award is for all those children whose voices need to be heard."

Question 4. Malala started her blogging when she was at the age of twelve.

○ A ○ B ○ C

Question 5. Not only Malala but also other girls were shot by a gunman.

○ A ○ B ○ C

Question 6. Malala is claiming the right for adult's education.

○ A ○ B ○ C

A The statement is patently TRUE or follow logically, given the information or opinions contained in the passage.

B The statement is patently UNTRUE or the opposite follows logically, given the information or opinions contained in the passage.

C YOU CANNOT SAY whether the statement is true or untrue or follow logically, without further information.

【問題3】

Read the next and choose the best description for each of the question that follow.

A recent survey found that only 9% of teens in the United States smoke cigarettes. That's down from 23% in 2000. It's less than the numbers of landlines still in use and the number of VHS tapes sold in 2013. While this is good news for America's overall health, tobacco use is still a problem.

Cigarettes have been linked to cancer, lung disease, diabetes, heart conditions, and high blood pressure. Despite knowing the health effects, teenagers still smoke. According to the American Lung Association, every day almost 3,900 children under 18 years of age try their first cigarette, and more than 950 of them will become daily smokers. If the trend continues at its current rate, 5.8 million children alive today will die as a result of smoking.

The Truth campaign is working to end teenage smoking all together. Their latest #FinishIt series uses social media to spread awareness about the dangers of smoking. "If we all join forces – smokers and non-smokers – we can end smoking once and for all," the campaign website states. The campaign encourages teens to not judge, but instead to learn the facts. "We're not here to criticize your choices, or tell you not to smoke. We're here to arm everyone – smokers and non-smokers – with the tools to make change," they say.

Question 7. Recent survey shows that a number of teenage smokers is growing.

◯ A ◯ B ◯ C

Question 8. Teenagers started to stop smoking because they know it can be harmful for their health.

◯ A ◯ B ◯ C

Question 9. The Truth campaign encourages teenagers to decide to smoke or not by themselves to smoke with the advice of consultants.

◯ A ◯ B ◯ C

A The statement is patently TRUE or follow logically, given the information or opinions contained in the passage.

B The statement is patently UNTRUE or the opposite follows logically, given the information or opinions contained in the passage.

C YOU CANNOT SAY whether the statement is true or untrue or follow logically, without further information.

【問題4】

Read the next and choose the best description for each of the question that follow.

Nearly 80% of self-employed people in the UK are living in poverty, according to recently updated government statistics from the 2012-2013 tax year.

The HM Revenue and Customs data, which was updated on 30th January, assessed the earnings of approximately five million self-employed people between 2012 and 2013, including income from other sources such as full-time employment and pensions.

However, even when these other earnings are taken into consideration, 77% of self-employed people live in poverty, according to analysis by Richard Murphy of Tax Research UK.

Earning £15,000 or less, or two-thirds of the median level of pay, classifies a person as living in poverty.

According to the statistics, the average income for a self-employed person was just £14,655. The top 1.7% of the group make 30.7% of the total of self-employed profits, and are often lawyers and accountants who are taxed as self-employed and who can earn up to 25.5 times more than the average.

Self-employment made up 44%, or 540,000, of new jobs since 2010, according to the Guardian. Half of this number is made up workers aged 50 and up. In addition, more than 40% of the self-employed jobs created in that year were part-time. There are now a total 4.5 million people working for themselves in the UK.

According to Murphy, a chartered accountant and UK tax specialist, the number of self-employed people is steadily growing: "The rise in self-employment has been apparent since 2010 as a consequence of changes to benefit system in UK, where people have been encouraged to take self-employment positions."

Murphy says that the self-employed jobs created since the coalition government came to power are not proving profitable: "The average rate of profit for a person who is self-employed in the UK is falling - these are primarily marginal, unpaid and unskilled jobs."

"We have the appearance that there are jobs in the UK but the reality is that the jobs people have are underpaid," Murphy said, adding that many self-employed people are forced to subsidize their poor wages by seeking out part-time employment elsewhere, such as becoming a delivery driver or working in a pub.

Murphy thinks the solution is a further round of quantitative easing - the purchase of government bonds by the Bank of England in order to pump money into the economy. “We need to start spending money that actually provides security, a decent wage and puts people back to work doing something they want,” he says.

Question 10. More than 50 % of self-employed people are earning more than the UK’s average.

○ A ○ B ○ C

Question 11. Out of total of selfemployed profits less than 2.0 % of the group earns more than 30% of the total income.

○ A ○ B ○ C

Question 12. Self-employed people usually work as a part-timer as well.

○ A ○ B ○ C

A The statement is patently TRUE or follow logically, given the information or opinions contained in the passage.

B The statement is patently UNTRUE or the opposite follows logically, given the information or opinions contained in the passage.

C YOU CANNOT SAY whether the statement is true or untrue or follow logically, without further information.

【問題5】

Read the next and choose the best description for each of the question that follow.

Europe's financial crisis took center stage on Monday as the Group of 20 economic summit began in Mexico. President Barack Obama and other G20 leaders continued to urge European nations to move forward with a growth plan.

Amid the splendor of the resort area of Los Cabos, the leaders of the world's most influential economies expressed their concern about the direction of Europe's economy.

After meeting with Mexican President Felipe Calderon, President Obama joined those putting pressure on Europe to advance a plan to address its banking and debt crisis. "A lot of attention has been centered on Europe. Now is the time, as we have discussed, to make sure that all of us join to do what is necessary to stabilize the world financial system,"he said.

One of the president's top economic advisers, Undersecretary of the Treasury Lael Brainard, told reporters that the United States is seeking an answer from Europe soon. " We do not expect decisions until all euro area leaders have their summit at the end of June, but we do expect to see a clear direction of travel coming out of Los Cabos, "she said.

Brainard said the United States hopes that direction will be toward more projects that will stimulate European economic growth.

President Obama discussed the situation with German Chancellor Angela Merkel , and aides say he was encouraged by what he heard about efforts to address the crisis. Obama called a meeting for Monday night with European leaders.

Question 13. G20 leaders expected European nations to move forward with a growth plan.

○ A ○ B ○ C

Question 14. EU learders' summit was held at the end of May.

○ A ○ B ○ C

Question 15. President Obama discussed debt crisis with French President Francois Hollande.

○ A ○ B ○ C

A The statement is patently TRUE or follow logically, given the information or opinions contained in the passage.

B The statement is patently UNTRUE or the opposite follows logically, given the information or opinions contained in the passage.

C YOU CANNOT SAY whether the statement is true or untrue or follow logically, without further information.

【問題6】

Read the next and choose the best description for each of the question that follow.

With the world watching, Catherine, Duchess of Cambridge, also known as Kate, gave birth to a baby boy on July 22. The birth of the royal baby topped international news and caused big celebrations throughout Britain. The media had been eagerly awaiting the baby's arrival for the past month as Kate's rumored due date of mid-July approached. Already, the newest royal has a clear path to power. As the first child of Prince William and Kate, the baby is third in line to the throne. Under Britain's monarch system, the only two people ahead of the baby are his father William and grandfather, Prince Charles. William's brother, Prince Harry, will be bumped down to forth in line.

Now that the royal baby is here, he will no doubt continue to draw international attention. The birth has already made big sales of baby-related merchandise at stores in London and throughout Britain. Stores in London have been selling clothes, plates, and other products related to the royal birth, just as they did for William and Kate's wedding in 2011.

Question 16. Prince Harry had been second in line to the King before the baby was born.

○ A ○ B ○ C

Question 17. The due date of Kate was said to be mid-August.

○ A ○ B ○ C

Question 18. At stores in London , the baby-related goods have been very popular.

○ A ○ B ○ C

A The statement is patently TRUE or follow logically, given the information or opinions contained in the passage.

B The statement is patently UNTRUE or the opposite follows logically, given the information or opinions contained in the passage.

C YOU CANNOT SAY whether the statement is true or untrue or follow logically, without further information.

【問題7】

Read the next and choose the best description for each of the question that follow.

The United States government is worried about BSE. At first the US government ignored the results of some tests, and didn't report the facts, but finally the government disclosed the report.

That is why some beef companies had to stop selling beef bowls and to start selling pork bowls instead. Meanwhile, not only China but also Japan and other Asian countries were hit by the bird flu (avian influenza) in February.

Some of the hardest-hit areas, however, were in undeveloped parts of Thailand and Vietnam, where many children died from the strange disease.

In Osaka, some dead crows were found in a park. When checked by scientists, these birds were found to have died from the bird flu. Since there are so many crows in urban parts of Japan, this, too, could become a serious problem.

Question 19. Some beef companies had to stop selling beef bowls and to start selling pork bowls instead.

○ A　○ B　○ C

Question 20. China, Japan and other Asian countries were hit by BSE in February.

○ A　○ B　○ C

Question 21. There are so many cows in urban parts of Japan. So this could become a serious problem.

○ A　○ B　○ C

A The statement is patently TRUE or follow logically, given the information or opinions contained in the passage.

B The statement is patently UNTRUE or the opposite follows logically, given the information or opinions contained in the passage.

C YOU CANNOT SAY whether the statement is true or untrue or follow logically, without further information.

【問題8】

Read the next and choose the best description for each of the question that follow.

Employees must remember to change out of their uniforms before shopping in the store. Patrons identify our uniform with attention to their requirements. They shouldn't have to determine whether you're available or not. Any indication of personal needs, even on the part of off-duty employees, distracts from that image. In street clothes, you may wander the aisles of our store without attracting attention. In fact, a store abuzz with shoppers offers a good impression. Employee utilization of the store will always be appreciated but only after changing into street clothes.

Question 22. All the employers and guests have to change out of their uniforms before shopping in the store.

○ A ○ B ○ C

Question 23. When employees have the part of off-duty, they can put on clothes they want.

○ A ○ B ○ C

Question 24. Employee will always be appreciated to buy any utilization of the store after work.

○ A ○ B ○ C

A The statement is patently TRUE or follow logically, given the information or opinions contained in the passage.

B The statement is patently UNTRUE or the opposite follows logically, given the information or opinions contained in the passage.

C YOU CANNOT SAY whether the statement is true or untrue or follow logically, without further information.

【問題9】

Read the next and choose the best description for each of the question that follow.

The worldwide population of frogs has declined in recent years due to mounting levels of ultraviolet light reaching the surface of the earth. While there's no indication that frogs might become extinct, their decline is a warning to civilization. Pollution on a planetary scale has damaged the precarious ozone layer. Ozone in the lower atmosphere is detrimental to humans, but in the upper atmosphere it's salutary.

Ozone protects the earth from such cosmic radiation as ultraviolet light, but the ozone has been depleted in modern times. Frogs are especially sensitive to ultraviolet light during their tadpole stage, when they live underwater. It is thought plankton may also be in decline as well for much the same reason. Plankton constitutes the basis of the marine food chain. It's quite feasible that a breakdown in the food chain could eventually make our own habitat unstable. We need to start restoring the ozone layer immediately.

Question 25. The worldwide population of frogs has declined in recent years, while frogs might become extinct.

○ A ○ B ○ C

Question 26. Ozone protects the earth, humans, salutary things from cosmic radiation as ultraviolet light.

○ A ○ B ○ C

Question 27. Plankton constitutes the basis of the marine food chain. But a breakdown in the food chain could eventually make our own habitat unstable.

○ A ○ B ○ C

A The statement is patently TRUE or follow logically, given the information or opinions contained in the passage.

B The statement is patently UNTRUE or the opposite follows logically, given the information or opinions contained in the passage.

C YOU CANNOT SAY whether the statement is true or untrue or follow logically, without further information.

練習問題　解答（257～271ページ）

【問題１】

【本文意訳】

海外の通念とは異なり、東京は実のところ、緑豊かな都市である。満員電車、人で溢れた交差点、そして、立ち並ぶ、派手でキラキラしたネオンをもつビル群は、たしかに都市生活の一部ではある。しかしながら、首都でのせわしない生活に、ゆっくりできる、気持ちを癒す例外がないというわけではない。広大な公園があり、通りにはよく管理された木々が立ち並んでいる。上空からヘリコプターで見ると、緑にあふれた首都を目の当たりにして驚かされる。最近では、グーグル・アースのようなインターネットサービスの登場により、この真実の姿を自分の目で確認しやすくなった。

【選択肢の訳文】

A　本文の情報または主張から、設問に書かれている内容は論理的に導けるか、明らかに正しい。

B　本文の情報または主張から、設問に書かれている内容は論理的に導くと本文と反対のことが書かれているか、明らかに間違っている。

C　さらに情報がなければ、設問に書かれている内容が正しいか間違っているか、または論理的に導けるかどうかは言うことができない。

Q１　解答：B

２文目で、東京の都市生活を示す例として、満員電車などが挙げられている。よって、誤っているのでＢが正解。

【設問文の訳文】

満員電車は東京には存在しない。

Q２　解答：B

１文目に、東京が緑豊かな都市であることは、海外の通念とは異なると述べられている。よって、誤っているのでＢが正解。

【設問文の訳文】

東京は緑豊かな都市だということが、海外での通念である。

Q３ 解答：A

３～４文目にかけて、「首都のせわしない生活における、ゆっくりできる、気持ちを癒す例外」の例として、広大な公園などが挙げられている。よって、正しいのでAが正解。

【設問文の訳文】

「気持ちを癒す例外」の１つは、広大な公園の存在である。

【問題２】

【本文意訳】

マララ・ユスフザイは普通の子ではない。彼女はわずか11歳のときに、故郷であるパキスタン北西部のミンゴラ市におけるタリバン制圧についてブログを書き始めた。タリバンのメンバーはイスラム教の過激派に追随しており、少女たちは学校に行くべきでないと考えている。マララが住んでいたパキスタンのスワート地区中の学校のすべては、数ヶ月にわたって閉鎖されていた。マララは、学校へ戻りたいという熱意を訴えた。「教育を受けることだけが私の望みです」と、彼女は一人のテレビキャスターに語った。

マララは結果的に学校へ戻ることができた。しかし、彼女はブログを書き続け、少女が教育を受ける権利について訴え続けた。2012年10月９日、タリバンは彼女を黙らせようとした。武装者が彼女とクラスメイトの乗ったスクールバスに乗り込み、彼女の頭を撃ったのである。彼女は一命を取り留めた。そして、回復までに時間はかかったが、その間でも強い勇気を持ち、前向きだった。

またその間に、彼女は世界中の少女の権利のために闘う象徴となった。撃たれた９ヵ月後、彼女はニューヨークの国連で、今では有名となったスピーチを行った。「彼らは銃弾で私たちを黙らせようと考えたのです。しかし、彼らは失敗しました」と彼女は語り、次のように続けた。「そして、沈黙を破り、たくさんの声が上がりました。……弱さ、恐怖、絶望は死にました。強さ、力、勇気が生まれたのです」と。

マララはまた平和の国際的シンボルとなっている。2011年にパキスタンの国際青少年平和賞を受賞していたが、後にこの賞はマララ平和賞と改名された。2014年のノーベル平和賞を受賞したあと、マララは、この賞は子供たちを救うという私の使命を推し進めるための「励み」となると述べた。彼女は「私は世界中の子供たちに、自らの権利のために立ち上がるべきだと伝えたい」「この賞は、自分たちの声を聞き入れてほしいと切に願うすべての子供たちのものです」と語っている。

Q４ 解答：B
第１段落の２文目に「彼女はわずか11歳のときに、故郷であるパキスタン北西部のミンゴラ市におけるタリバン制圧についてブログを書き始めた」とある。よって、誤っているのでBが正解。

【設問文の訳文】
マララは12歳のときにブログを書き始めた。

Q５ 解答：C
第２段落の４文目に「武装者が彼女とクラスメイトの乗ったスクールバスに乗り込み、彼女の頭を撃ったのである」とあるが、ほかの少女たちについては言及されていないため、判断ができない。よって、Cが正解。

＊この襲撃事件ではマララ以外の少女も負傷していたことが明らかになっている。もしその事実を知っていたとしても、あくまで本文の記述のみで判断しなければならない。

【設問文の訳文】
マララだけではなく、ほかの少女たちも武装者によって撃たれた。

Q６ 解答：B
第２段落の２文目に「少女が教育を受ける権利について訴え続けた」とある。よって、誤っているのでBが正解。

【設問文の訳文】
マララは大人の教育を受ける権利を主張している。

【問題３】
【本文意訳】
最近の調査で、アメリカではタバコを吸う10代はわずか９％だということがわかった。2000年の23％から減少している。これは、固定電話をまだ使っている割合や2013年に販売されたVHSテープの数より少ない。アメリカの総合的な健康事情にとってはよい報告だが、喫煙は依然として問題である。
タバコは、がん、肺疾患、糖尿病、心臓病、高血圧と関連がある。健康への影響を知っているにもかかわらず、10代の子供たちは喫煙を続けている。米国肺協会によると、毎日約3,900人の18歳未満の子供たちがはじめてのタバコを試しており、そのうち950人以上が喫煙常習者となる。現在のペースでこの動向が続けば、今生きている580万人の子供たちが喫煙によって死亡することになるだろう。

真実キャンペーン（反タバコキャンペーン）は、10代の喫煙を一掃するために取り組んでいる。その最新の#FinishItシリーズでは、ソーシャルメディアを使って、喫煙の危険性についての認識を広めている。キャンペーンのウェブサイトには、「私たち全員が協力すれば、すなわち喫煙者と非喫煙者が力を合わせれば、喫煙を一掃することができます」とある。キャンペーンは、10代の若者が、決断するのではなく事実を学ぶことを奨励している。「私たちは、あなたの選択を批判したり、喫煙しないように言ったりしているのではありません。私たちは、すべての人に(喫煙者と非喫煙者の双方に)意識を変えるための知識という武器で身を守ってもらう目的で、ここにいるのです」と彼らは述べている。

Q７　解答：B

第１段落の１～２文目で「アメリカではタバコを吸う10代はわずか９％だということがわかった。2000年の23％から減少している」とある。よって、誤っているのでBが正解。

【設問文の訳文】

最近の調査では、10代の喫煙者の数は増えている。

Q８　解答：B

第２段落の２文目で「健康への影響を知っているにもかかわらず、10代の子供たちは喫煙を続けている」とある。よって、誤っているのでBが正解。

【設問文の訳文】

10代の子供たちは、喫煙が健康に害となり得ることを知っているため、禁煙を始めた。

Q９　解答：B

第３段落の４文目に「キャンペーンは、10代の若者が、決断するのではなく事実を学ぶことを奨励している」とある。よって、誤っているのでBが正解。

【設問文の訳文】

真実キャンペーン（反タバコキャンペーン）は、10代の子供たちに、専門家たちのアドバイスにより喫煙するかしないか自分自身で決めることを奨励している。

【問題４】

【本文意訳】

最近更新された政府の2012－2013税制年度の統計によると、英国の自営業者の80％近くの人が貧困のなかで生活しているということである。

1月30日に更新された英国歳入関税局のデータによって、2012年から2013年のおおよそ500万人の自営業者の所得が査定された。その所得にはフルタイム雇用や年金のようなほかからの収入も含まれる。

しかしながら、タックスリサーチUKのリチャード・マーフィー氏の分析によると、これらほかからの収入を考慮に入れてさえ、自営業者の77％が貧困のなかで生活しているということである。

収入が15,000ポンド以下か、平均所得の3分の2以下の人が貧困者に分類される。

統計によると、自営業者の平均所得はちょうど14,655ポンドだった。その上位1.7％のグループが自営業者の利益全体の30.7％を生み出しているが、その多くは自営業者として課税される弁護士や会計士であり、最高で平均の25.5倍以上稼いでいる。

ガーディアン紙によると、2010年以降の新たな職の44％、または54万人が自営業者である。このうちの半数が50歳以上の就労者で占められている。加えて、その年に生み出された自営業種の40％以上がパートタイムである。現在、英国では450万人の人が自営業者として働いている。

英国の税専門家で公認会計士でもあるマーフィー氏によると、自営業者の数は着実に増えているという。「自営業の立場をとることが奨励される英国では、利益構造の変化に伴い、2010年以降の自営業が上昇していることは明らかである」と述べている。

連立政権ができてから誕生した自営業種は、その利益性が証明されていないとマーフィー氏は指摘している。「英国における自営業者の平均所得率は下落している。その自営業種の大半が、利益がほとんど出なかったり、無給だったり、専門スキルを要しないものだからだ」という。

さらに「表向き、英国では仕事があるように見えるが、現実にはそれらの仕事は薄給である」とマーフィー氏は述べている。多くの自営業者は、配達ドライバーになったり、パブで働いたりといったほかでのパートタイムの仕事を探すことでそれらの低収入を補わざるを得ないのだ、と付け加えている。

マーフィー氏は、さらなる一連の量的金融緩和政策、すなわち経済を活性化させるために英国銀行が国債を発行することが、解決策になると考えている。

「我々は、人々が実際に生活の保障と適正な賃金を得られ、求める仕事に就くために、資金を投入し始めることが必要である」と彼は述べている。

Q10　解答：C

第５段落の１文目に「統計によると、自営業者の平均所得はちょうど14,655ポンドだった」とあり、自営業者の平均所得は示されているものの、英国全体の平均所得は本文からはわからない。そのため、自営業者の50%以上が、英国の平均よりも稼いでいるかどうかは判断できない。よって、Cが正解。

【設問文の訳文】

自営業者の50%以上は、英国の平均よりも稼いでいる。

Q11　解答：A

第５段落の２文目に「その上位1.7%のグループが自営業者の利益全体の30.7%を生み出している」とある。よって、正しいのでAが正解。

【設問文の訳文】

自営業者全体の収入のうち、2.0%以下の人たちが全体の30%以上を稼いでいる。

Q12　解答：A

第９段落に「多くの自営業者は、配達ドライバーになったり、パブで働いたりといったほかでのパートタイムの仕事を探すことでそれらの低収入を補わざるを得ない」とある。よって、正しいのでAが正解。

【設問文の訳文】

自営業者は、その上たいていアルバイトもしている。

【問題5】

【本文意訳】

メキシコで開催されたG20経済会議において、月曜日にはヨーロッパの金融危機が中心的な議題となった。バラク・オバマ大統領およびG20の首脳陣はヨーロッパの各国に対して、引き続き成長計画を推し進めるように強く要請した。

ロスカボスという素晴らしいリゾート地において、経済影響力を持つ各国首脳陣はヨーロッパ経済の方向性について懸念を表明した。

メキシコのフェリペ・カルデロン大統領との会談後、オバマ大統領は、銀行取引と債務危機に対処する計画を推し進めるようヨーロッパに圧力をかけることに賛成を示し、「ヨーロッパに多くの注目が集まっている。我々が議論してきたように、世界の金融システムを安定させるために必要なことを、今こそ我々全員が一丸となってやっていかねばならない」と述べた。

大統領経済顧問トップの一人であるラエル・ブレイナード財務次官は、アメリカはヨーロッパからの速やかな回答を求めていることを記者団に対して語り、「我々は、全ユーロ圏の首脳陣が参加する6月末の会議までに結論が出るとは思っていないものの、(この大きな問題への)明確な方向性がロスカボスから出てくることを強く期待している」と述べた。

また、この方向性がヨーロッパ経済を活性化させるための、より多くのプロジェクトを推し進めることをアメリカは望んでいると、ブレイナード氏は述べている。

オバマ大統領は、ドイツのアンゲラ・メルケル首相と現在の情勢について議論した。これについて大統領補佐官は、この危機に対する取り組みに努力していることを聞いて大統領は勇気づけられたと述べている。さらにオバマ氏は月曜日の夜にヨーロッパ首脳陣と会合をもった。

Q13 解答:A

第1段落の2文目に「バラク・オバマ大統領およびG20の首脳陣はヨーロッパの各国に対して、引き続き成長計画を推し進めるように強く要請した」とある。よって、正しいのでAが正解。

【設問文の訳文】

G20の首脳陣は、ヨーロッパ各国が成長計画を推し進めることを期待した。

Q14 解答:B

第4段落のラエル・ブレイナード財務次官の発言のなかで「全ユーロ圏の首脳陣が参加する6月末の会議まで結論が出るとは思っていないものの」とある。よって、誤っているのでBが正解。

【設問文の訳文】

EU首脳会議は5月末に開催された。

Q15 解答:C

第6段落にて、オバマ大統領がドイツのメルケル首相と会談したことは書かれているが、フランスのオランド大統領と会談したことは書かれていない。しかし、同じ第6段落では「オバマ氏は月曜日の夜にヨーロッパ首脳陣と会合をもった」ともあり、ヨーロッパ首脳陣のなかにオランド大統領が含まれている可能性もある。オランド大統領との会談を明確に否定する文章もないため、判断することはできない。よって、Cが正解。

【設問文の訳文】

オバマ大統領は、フランスのフランソワ・オランド大統領と債務危機について話し合った。

【問題6】

【本文意訳】

世界が注目するなか、ケイトの愛称でも知られるケンブリッジ公爵夫人キャサリンが、7月22日男の子を出産した。ロイヤルベイビーの誕生は国際ニュースのトップとなり、イギリス中で盛大に祝われた。7月中旬とうわさされていたケイトの出産予定日が近づいたため、メディアはこの1ヵ月赤ちゃんの誕生を心待ちにしていた。すでに、この一番新しい王族の王位継承について明らかになっている。ウィリアム王子とケイトの第一子として、この赤ちゃんは王位継承権第3位である。イギリスの王制において、この赤ちゃんよりも上の王位継承権者は、父のウィリアム王子と、祖父のチャールズ皇太子の2人しかいない。ウィリアム王子の弟であるハリー王子は、王位継承第4位に下がった。

ロイヤルベイビーが誕生した今、この赤ちゃんは国際的な注目を集め続けるだろう。この誕生で、すでにロンドンの店やイギリスの至るところで、赤ちゃん関連の商品のビッグセールが行われている。ロンドンの店では、2011年にウィリアム王子とケイトが結婚したときと同じように、王子誕生に関連した服やお皿、その他の商品が売られている。

Q16　解答：B

第1段落の6文目にて、赤ちゃんが生まれたことで「ウィリアム王子の弟であるハリー王子は、王位継承第4位に下がった」とあり、生まれる前は第3位だったことがわかる。よって、誤っているのでBが正解。

【設問文の訳文】

ハリー王子は、赤ちゃんが生まれる前までは、王位継承権第2位だった。

Q17　解答：B

第1段落の3文目に「7月中旬とうわさされていたケイトの出産予定日が近づいた」とある。よって、誤っているのでBが正解。

【設問文の訳文】

ケイトの出産予定日は、8月中旬といわれていた。

Q18　解答：A

第2段落の2文目に「すでにロンドンの店やイギリスの至るところで、赤ちゃん関連の商品のビッグセールが行われている」とある。よって、正しいのでAが正解。

【設問文の訳文】
ロンドンの店では、赤ちゃん関連の商品が大人気である。

【問題７】
【本文意訳】
アメリカ政府は、BSE（狂牛病）について懸念を示している。当初、政府は検査の結果を無視して事実を公表しなかったが、最終的に報告書を公表した。
そのため、牛丼会社は牛丼販売を中止し、代わりに豚丼を売り始めなければならなかった。その一方で、２月には、中国だけでなく日本やその他アジアの国々は、鳥インフルエンザに襲われた。
しかしながら、最もひどい打撃を受けたのはタイやベトナムの未開発地域で、そこでは多くの子供たちが奇妙な病気で死亡した。
大阪では、公園でカラスの死骸が見つかった。科学者の調査により、これらのカラスは鳥インフルエンザによって死んだことがわかった。日本の都市部には多くのカラスがいるため、これもまた深刻な問題となるかもしれない。

Q19　**解答：A**
第２段落の１文目に「牛丼会社は牛丼販売を中止し、代わりに豚丼を売り始めなければならなかった」とある。よって、正しいのでAが正解。

【設問文の訳文】
牛丼会社は、牛丼の販売を中止し、代わりに豚丼を売り始めなければならなかった。

Q20　**解答：B**
第２段落の２文目に「２月には、中国だけでなく日本やその他のアジアの国々は、鳥インフルエンザに襲われた」とある。よって、誤りなのでBが正解。

【設問文の訳文】
２月、中国や日本、その他のアジア諸国はBSEに襲われた。

Q21　**解答：C**
第４段落では、大阪で鳥インフルエンザによって死んだカラスについて言及していて、３文目で「日本の都市部には多くのカラスがいるため、これもまた深刻な問題となるかもしれない」とある。牛については何も書かれていないが、与えられた情報だけでは正しいとも誤りとも判断できない。よって、Cが正解。

【設問文の訳文】
日本の都市部には多くの牛がいる。そのため、これは深刻な問題となるかもしれない。

【問題8】

【本文意訳】

従業員は、店で買い物するときに、制服を着替えることを忘れてはなりません。お客様は制服を見ると、いつでも自分の案内をしてくれると思ってしまいます。仕事中かそうでないか、お客様に紛らわしい思いをさせてはなりません。たとえ非番であっても、(制服姿で)個人的な用を足していると、店の評判に響きます。私服であれば、店内の通路を歩き回っても注意を引くことはありません。実際、買い物客でにぎわっている店はよい印象を与えます。そのため、従業員が店で買い物をするのはいつでも歓迎ですが、私服に着替えてからに限ります。

Q22 解答：B

１文目に「従業員は、店で買い物するときに、制服を着替えることを忘れてはなりません」とある。経営者に関してはこの条件に当てはまる可能性はあるが、客は対象に入っていない。よって、誤っているのでＢが正解。

【設問文の訳文】
すべての経営者と客は店で買い物する前に制服を着替えなければならない。

Q23 解答：B

４〜５文目で「たとえ非番であっても、(制服姿で) 個人的な用を足していると、店の評判に響きます。私服であれば、店内の通路を歩き回っても注意を引くことはありません」とあり、非番の日に制服姿でいることへの苦言を呈している。つまり、非番の日の従業員は制服姿を禁じられているので、服装について完全には自由でない。よって、誤っているのでＢが正解。

【設問文の訳文】
非番の日の従業員は、好きな服を着ることができる。

Q24 解答：B

最終文で「従業員が店で買い物をするのはいつでも歓迎ですが、私服に着替えてからに限ります」とあり、私服に着替えた後という条件がついている。また、「仕事を終えてから」と限定されているわけでもない。よって、誤っているのでＢが正解。

【設問文の訳文】
従業員が仕事を終えてから店で買い物をするのは、いつでも歓迎されている。

【問題9】
【本文意訳】
近年、地表に達する紫外線の増加により、世界中でカエルの生息数が減少している。カエルが絶滅するという兆候はないが、この減少は人類への警告である。地球規模での汚染により、不安定なオゾン層が破壊されている。下層大気中のオゾンは人にとって有害だが、上層大気中では有益である。
オゾン層は紫外線のような宇宙放射線から地球を保護しているが、近年、このオゾンが減少しているのである。カエルは、水中に棲むオタマジャクシの形態のとき、紫外線に特に敏感である。プランクトンもほぼ同様の理由で減少していると考えられる。プランクトンは、海洋食物連鎖の土台である。こうした食物連鎖の破壊が、いずれは我々の環境を脅かすことは容易に想像できる。急いでオゾン層の回復に着手しなければならない。

Q25 解答：B
第1段落の2文目に「カエルが絶滅するという兆候はない」とある。よって、誤っているのでBが正解。

【設問文の訳文】
カエルの世界的な生息数は、近年、絶滅しそうなまで減少している。

Q26 解答：C
第2段落の1文目に「オゾン層は紫外線のような宇宙放射線から地球を保護している」とあるが、人類については言及がない。よって、Cが正解。

【設問文の訳文】
オゾンは、紫外線のような宇宙放射線から地球、人類、有益なものを守っている。

Q27 解答：A
第2段落の4～5文目に「プランクトンは、海洋食物連鎖の土台である。こうした食物連鎖の破壊が、いずれは我々の環境を脅かすことは容易に想像できる」とある。よって、正しいのでAが正解。

【設問文の訳文】
プランクトンは海洋食物連鎖の土台である。しかし、食物連鎖の破壊はいずれ我々の環境を脅かすだろう。

第8章

英語 IMAGES形式

出題形式

設問文に対する答えを5つの選択肢から1つ選ぶ形式のテスト。

- 合計24問。長文が8題あり、それぞれ3つの設問が出題される。
- 制限時間は10分。
- 辞書の使用が可能。

ポイント

◎設問文は内容を尋ねるものが多い。

・文全体のテーマを選ぶ。
・主題に対する詳しい説明を選ぶ。
・主題の扱い方や期間などを選ぶ。
・内容に合った記述を選ぶ。

◎最初に設問文を読み、キーワードを押さえてから本文を読むと速く解ける。

◎長文の難易度と分量のわりに、制限時間が短いため、斜め読みして大意をつかみ、設問に取りかかること。

◎英文を速読し、問われている情報を素早く探す力を高めておくこと。

練習問題

➡ 答えは298ページ

【問題1】

以下の英語の文章を読んで、設問に適する解答をA～Eの選択肢から選び、ボタンをクリックしなさい。

The Student Office organises orientation programmes for all newcomers and helps arriving international students to get organised and settled in Japan. A handbook for living and studying in Japan, containing information on questions commonly asked by international students, can be downloaded from our website. Furthermore, the Student Office is offering advice on issues regarding daily life matters and provides support if any personal problems or concerns should arise.

Question 1. If you want to get a handbook, you should...

- A ask at the Student Office
- B download one from the website
- C go to the bookstore
- D ask at the Student Office and download one from the website
- E ask at the Student Office and go to the bookstore

Question 2. On what kind of issues can the Student Office offer advice?

- A Study
- B School life
- C Personal relations
- D Daily life
- E None of the above

Question 3. If you have problems, the Student Office will...

- A introduce a specialist
- B tell your relatives
- C provide you with detailed advice
- D do nothing to help you
- E give you a few support

【問題2】

以下の英語の文章を読んで、設問に適する解答をA～Eの選択肢から選び、ボタンをクリックしなさい。

The Gold & Silver Credit Card offers you our lowest ever rate of 2% APR for balance transfers, fixed for six months from the date your account is opened.

What's more, by simply transferring the balances of your other credit or store cards, you could save up to 600 pounds. Simply call our Customer Representatives as soon as your account is open and we'll organize it for you.

The Representatives are available 24 hours a day, 365 days a year to take your call.

The credit limit is up to 50,000 pounds, which gives you the freedom to live your life how you wish.

Question 4.　What is this advertisement for?

○ A　A greeting card
○ B　A boarding card
○ C　A credit card
○ D　A store card
○ E　An identity card

Question 5.　When can you call the Customer Representatives?

○ A　From Monday through Friday, from 10 am to 6 pm
○ B　From Monday through Friday, 24 hours a day
○ C　Seven days a week, from 10 am to 6 pm
○ D　Seven days a week, 24 hours a day
○ E　365 days a year, from 10 am to 6 pm

Question 6.　What is the main message of this advertisement?

○ A　The Gold & Silver Credit Card will stop charging fees.
○ B　The Gold & Silver Credit Card will save your money.
○ C　The Gold & Silver Credit Card will start a Customer Representatives service.
○ D　The Gold & Silver Credit Card will start balance transfers for free.
○ E　The Gold & Silver Credit Card gives away presents.

【問題３】

以下の英語の文章を読んで、設問に適する解答をＡ～Ｅの選択肢から選び、ボタンをクリックしなさい。

Because its pure white appearance with white plaster coating looks like a dancing Shirasagi (Egret) with wings spread, this famous castle is also called the "Shirasagi-jo" or "Hakuro-jo". It was spared from damage during the war and from many other disasters and is in a remarkably preserved state compared to other castles. Seventy-four structures within the castle site including a tower and gate are designated as important cultural assets of Japan.

The year of establishment was 1346. Later, the warlord Toyotomi Hideyoshi (1536-1598), who ruled over most of Japan, built a full-scale castle wall, which became the base for present-day Himeji-jo. At the start of the Edo period, the castle underwent considerable renovation over a 9-year period to create the magnificent appearance we see today.

Question 7.　What does this castle look like?

○ A　A full-scale castle wall
○ B　Considerable renovation
○ C　Seventy-four structures
○ D　With wings spread
○ E　A dancing Shirasagi

Question 8.　When was this castle built?

○ A　It was in 1346.
○ B　It was 1346 years ago.
○ C　It was in 1536.
○ D　It was in 1598.
○ E　At the start of Edo period.

Question 9.　What did the warlord Toyotomi Hideyoshi make?

○ A　All the buildings in a castle
○ B　Seventy-four structures within the castle site
○ C　A full-scale castle wall
○ D　Seventy-four structures including a tower and gate
○ E　The famous castle called the "Shirasagi-jo"

【問題4】

以下の英語の文章を読んで、設問に適する解答をA～Eの選択肢から選び、ボタンをクリックしなさい。

Want to sing better at Karaoke? Or feel confident singing in front of people?

If you answered yes, 'JAPAN Vocal' is the place for you!!

The students of JAPAN Vocal are very happy with their progress: 'After a few weeks of training, my voice carries much better than before.' 'I became able to sing in the correct key after listening to a song just once.' Singing out loud releases stress and helps people unwind, and a stress-free, relaxed state of mind and body keeps you young, healthy, and beautiful.

Our regular lessons are usually one hour long and take a place once a week. (The schedule will be decided after consultation.)

We offer a free lesson every Thursday night from 19:00. Just drop by and feel the difference!

Tel: 0120-XXX-XXX (for reservations and enquiries about free lessons; reservations required)

Question 10. What are the students at JAPAN Vocal satisfied with?

- A They only listen to songs a few times.
- B They can participate in recitals.
- C They can project their voices better after the training.
- D The courses are free.
- E The time required for a lesson is short.

Question 11. Which of the following is true according to the article?

- A Good singers make people happy.
- B The vocal training they offer has a unique feature.
- C Singing benefits one's health.
- D Their students' voices sound beautiful.
- E There are fans that look forward to the recitals.

Question 12. Which of the following is NOT true according to the article?

- A The lessons target people who want to sing well.
- B Singing relaxes people.
- C Students usually take 4 to 5 hours of lessons each month.
- D The students arrange the fun events by themselves.
- E Free lessons need to be booked.

【問題5】

以下の英語の文章を読んで、設問に適する解答をA～Eの選択肢から選び、ボタンをクリックしなさい。

In Japan, many people take it for granted that water is something that they will always have access to, despite having to pay for their water supply. However water is becoming an increasingly scarce resource in certain parts of the earth and over 1 billion people now have limited or no access to clean drinking water. More strikingly, date indicates that the world is losing one child every 8 seconds because of contaminated water. Just as wars have broken out over oil and other precious natural resources, the time when people will fight with one another for water resources dose not seem too distant. This is the reason why water is now occasionally called "blue gold." In order to better understand and resolve water issues, in 2002, the world agreed to work toward the goal of reducing until half the number of people who have no access to basic hygienic facilities by the year 2015.

Question 13. What is expected to be achieved by 2015?

- A There will be no major unsolved water issues.
- B Everyone will have a good understanding of water issues.
- C There will be limited access to hygienic facilities for people in need.
- D It will reduce the number of people who will do not have access to basically hygienic water facilities.
- E Water will no longer be called "blue gold."

Question 14. According to the passage, which of the following sentences is correct?

- A Water is too expensive in Japan compared to other parts of the world.
- B Over 1 billion people in the world fight a war for clean water.
- C Dirty water claims the lives of many children around the world every day.
- D Many countries are unwilling to cooperate to resolve water issues.
- E The number of children that die from contaminated water will be reduced to half by 2015.

Question 15. According to the passage, which of the following sentence is NOT correct?

- A Water is limited in some area of the world.
- B The lack of hygienic facility is more serious problem than contaminated water.
- C Water is often called blue gold because people might be fighting over it sooner or later.
- D People in Japan are not very serious about water supply issue.
- E Water supply issue is becoming more and more crucial.

【問題6】

以下の英語の文章を読んで、設問に適する解答をA～Eの選択肢から選び、ボタンをクリックしなさい。

A new satellite tsunami detector that uses the Global Positionig System (GPS) will be able to spot tidal waves with more accuracy and at a fraction of the cost of the present system, according to researchers.

Conventional detectors need to be linked by underwater cable to terrestrial observatories, at a cost of about ¥1 billion for a single detector. Another drawback of these detectors is unreliability - temperature changes can easily lead to measurement errors. Due to these limitations, the nation has set up only 10 detectors and little use has been made of them in predicting tsunami. Currently, scientists tend to prefer forecasting tidal waves by measuring the intensity of an earthquake at its focus.

A prime attraction of the GPS system, researchers say, is the low cost of floating detectors. The satellite detector does not require a costly underwater cable system. It floats on the sea, fixed to a buoy, with a transceiver receiving information from a satellite and transmitting data to the observatory. Officials expect that the cost of installing a single detector will not exceed ¥100 million. They hope that the low cost will enable the development of a nationwide detection network, reducing damage caused by tsunami to coastal areas. Detectors would be fixed from 20 to 30 kilometers off the coast, recording early signs of a tsunami and providing about 10 minutes warning before the wave hits the coast.

Question 16. How does the new tsunami detector work?

- A It is able to spot tidal waves accurately.
- B It measures changes in water pressure on the sea bed.
- C It uses a satellite detecting system to measure sea movement.
- D It allows installation of a large number of detectors in coastal waters.
- E It is linked by underwater cable to terrestrial observatories.

Question 17. Why is the new detector expected to be more effective?

- A It will reliably measure the effects of earthquakes.
- B It makes full use of modern satellite technology.
- C It can be fixed 35 km from the coast.
- D It costs only one tenth the amount of the old detector.
- E Its batteries last longer.

Question 18. According to the passage, which of the following sentences is correct?

- A The new tsunami detect system costs less but not very precise.
- B Current detector is trustable because it needs to be linked by underwater cable to terrestrial observatories.
- C Scientists prefer current detectors to measure the intensity of an earthquake.
- D Satellite detector now covers all over the world to spot tidal waves accurately.
- E Floating detector records the indications of tsunami and alerts warning before the wave hits the coast.

【問題7】

以下の英語の文章を読んで、設問に適する解答をA～Eの選択肢から選び、ボタンをクリックしなさい。

On June 19, the commencement ceremony for the Bellevue college class of 2010 will be held at the City Auditorium. The program begins at 19:00. The featured speaker will be Dr. Alice Robinson, the eminent writer of books analyzing the evolution of society. Entertainment will be provided by the school's choir accompanied by the orchestra.

Graduating seniors must be fitted for their robes on May 18. Rehearsal will be in the school gymnasium on June 8. Each graduate is permitted to bring four guests. For additional invitations, please contact the principal's office.

Question 19.　When will the commencement ceremony take place?

- A　On June 8
- B　On May 18
- C　On June 19
- D　After the school's choir
- E　At 7:00 pm. before commencement ceremony

Question 20.　What will be on June 8?

- A　A doctor will talk about his study
- B　A school choir will sing
- C　A school orchestra will play
- D　Rehearsal of graduating will be
- E　Additional invitations will come

Question 21.　What will you do if you bring more than 4 guests?

- A　Bring some guests to the school
- B　Graduate school after studying
- C　Analyze the evolution of society
- D　Contact the principal's office
- E　Provide entertainment

【問題8】

以下の英語の文章を読んで、設問に適する解答をA～Eの選択肢から選び、ボタンをクリックしなさい。

Join the Tommy Landers family! All Tommy Landers restaurants in the metropolitan area have immediate opening for cooks and waiters. Prior experience is not necessary. Training will be provided. Remuneration is excellent, and we tolerate flexible schedules, so you can coordinate work and studies. Night work entitles you to overtime pay. Insurance is available for full-time workers. Advancement to career-track positions is also a possibility. For an interview call 635-1983. Be one of our 500 employees who proudly tell their friends and acquaintances, “I work at Tommy landers.” Tommy Landers is an equal opportunity employer.

Question 22. What does this company do?

- A hotel
- B school
- C bank
- D restaurant
- E bookstore

Question 23. How many employees are there in this company?

- A 10 employees
- B 50 employees
- C 100 employees
- D 400 employees
- E 500 employees

Question 24. What is a wrong writing about employment of this company?

- A flexible schedules
- B overtime pay
- C no experience required
- D bonus
- E Insurance

【問題9】

以下の英語の文章を読んで、設問に適する解答をA～Eの選択肢から選び、ボタンをクリックしなさい。

I am writing in regard to the advertisement I saw on the employment Web site, www.jobsearch.com. I have attached my resume with this e-mail. It details my education and employment history. I am sure you will find that I am more than qualified for the position. My degree is from King University, where I majored in both international business and marketing. While working at the marketing department of a large video game company, I attended classes on Web site design and programming at a local community college. I have received formal certification for my skills by passing the Eduserve Level Two tests for both programming and Web site design.

Currently, I am temporarily employed as a marketing consultant at a major department store. I am prepared to abandon this position immediately should I be offered a permanent fulltime position at Happy Publicity.

My contact details are included with attachment.

Sincerely,

Steve Johnes

Question 25. Where was Mr. Steve Johnes employed previously?

- A At a game manufacturer
- B At a community college
- C At an interior designer
- D At a publicity firm
- E At a department store

Question 26. What has Mr. Steve Johnes sent with e-mail?

- A His life schedule
- B A map of the department store
- C His resume
- D A copy of his certificate
- E The result of two tests

Question 27. What does Mr. Steve Johnes indicate he will do?

- A Provide work samples
- B Attend programming classes
- C Take trip to Asia
- D Leave his present position
- E Send e-mail with his resume attached

練習問題 解答（285～297ページ）

【問題１】

【本文意訳】

学生事務局は、新規留学生のためのオリエンテーションプログラムを組み、また、到着した留学生が日本に馴染んで落ち着けるよう支援をしています。留学生からのよくある質問に関する情報も掲載された日本での生活と学習のためのハンドブックを、当ウェブサイトからダウンロードすることができます。さらに、学生事務局は、日常生活におけるの問題についてアドバイスや、個人的な問題や懸念が生じた際のサポートもしています。

Q１ 解答：B

２文目に「ウェブサイトからダウンロードすることができます」とある。よって、Bが正解。

【設問文の訳文】

ハンドブックを手に入れたい場合……ください。

A　学生事務局で尋ねて
B　当ウェブサイトからダウンロードして
C　書店に行って
D　学生事務局に頼み、当ウェブサイトからダウンロードして
E　学生事務局に頼み、書店へ行って

Q２ 解答：D

最終文に「日常生活における問題についてのアドバイス」とある。よって、Dが正解。

【設問文の訳文】

学生事務局は、どのような問題に対してアドバイスしてくれるか？

A　勉強
B　学校生活
C　人間関係
D　日常生活
E　上記のいずれでもない

Q３ 解答：C

最終文に「個人的な問題や懸念が生じた際のサポートもしています」とある。よっ

て、Cが正解。

【設問文の訳文】
問題がある場合、学生事務局は……
A　専門家を紹介してくれる
B　あなたの親戚に伝える
C　詳細なアドバイスをしてくれる
D　まったく協力しない
E　少しだけサポートをしてくれる

【問題2】
【本文意訳】
　ゴールド＆シルバークレジットカードは、口座を開設した日から６ヵ月間、移行残高に対する金利を、これまでで最も低い年率２％で提供します。
　さらには、他のクレジットカードやストアカードから残高を移行するだけで、最大600ポンドまで利息分が軽減されます。口座開設時にお客様窓口にお電話いただくだけで、手続きができます。
　お客様窓口は、24時間365日お電話可能です。
　クレジットの限度額は最大50,000ポンドで、あなたが望む人生を自由に生きることができるでしょう。

Q４　解答：C
第１段落の１文目に「ゴールド＆シルバークレジットカード」とある。よって、Cが正解。

【設問文の訳文】
これは何についての広告か？
A　挨拶状
B　搭乗券
C　クレジットカード
D　ストアカード
E　身分証明書

Q５　解答：D
第３段落に「お客様窓口は、24時間365日お電話可能です」とある。よって、Dが正解。

【設問文の訳文】

お客様窓口に電話できるのはいつか？

A　月曜日から金曜日までの午前10時から午後６時

B　月曜日から金曜日までの24時間

C　１週間毎日午前10時から午後６時まで

D　１週間毎日24時間

E　365日年中無休、午前10時から午後６時

Q６　解答：B

第２段落の１文目に「他のクレジットカードやストアカードから残高を移行するだけで、最大600ポンドまで利息分が軽減されます」とある。よって、Bが正解。

【設問文の訳文】

この広告が主に伝えたいことは何か？

A　ゴールド＆シルバークレジットカードは手数料を取らない

B　ゴールド＆シルバークレジットカードはお金の節約になる

C　ゴールド＆シルバークレジットカードはお客様窓口サービスを始める

D　ゴールド＆シルバークレジットカードは無料で残高移行できるようになる

E　ゴールド＆シルバークレジットカードはプレゼントを配っている

【問題３】

【本文意訳】

白いしっくいの壁で覆われた真っ白な外観が、羽を広げて踊る白鷺のように見えることから、この有名な城（姫路城）は「白鷺城（しらさぎじょう、はくろじょう）」とも呼ばれている。戦争やその他多くの災害の際も、その被害から免れ、他の城と比べても特筆すべき保存状態である。天守閣や門を含む城内にある74の建造物は、日本の重要文化財として指定されている。

造られたのは1346年である。後に、天下統一をした豊臣秀吉公（1536－1598）によって、今日の姫路城のもととなる城壁全体が建造された。江戸時代のはじめに、城は９年にわたって多大な修復がなされ、今日我々が見る壮大な景観が造られた。

Q７　解答：E

第１段落の１文目に「白いしっくいの壁で覆われた真っ白な外観が、羽を広げて踊る白鷺のように見える」とある。よって、Eが正解。

【設問文の訳文】

この城は何のように見えるか？

A　城壁全体

B　多大な修復

C　74の建造物

D　広げた羽

E　踊る白鷺

Q8　解答：A

第２段落の１文目に「造られたのは1346年である」とある。よって、Aが正解。

【設問文の訳文】

この城はいつ建てられたか？

A　1346年

B　1346年前

C　1536年

D　1598年

E　江戸時代のはじめ

Q9　解答：C

第２段落の２文目に「天下統一をした豊臣秀吉公（1536－1598）によって、今日の姫路城のもととなる城壁全体が建造された」とある。よって、Cが正解。

【設問文の訳文】

豊臣秀吉公は何を造ったか？

A　城内のすべての建物

B　城内にある74の建造物

C　城壁全体

D　天守閣や門を含む74の建造物

E　「白鷺城《しらさぎじょう》」と呼ばれる有名な城

【問題４】

【本文意訳】

　カラオケでもっとうまく歌いたいですか？　もしくは、人前で自信を持って歌いたいですか？

　もしその答えが「はい」なら、「ジャパンヴォーカル」はあなたにぴったりなところです！

「ジャパンヴォーカル」の生徒は、「数週間のトレーニングで、私の声は前よりずっとよくなりました」「歌を一度聴いただけで、正しいキーで歌えるようになりました」といった進歩にとても満足しています。大きな声で歌うことはストレス解消になり、緊張をほぐします。そしてストレスのないリラックスした心身は、あなたを若々しく健康的で美しくしてくれます。

私たちの基本レッスンは通常1時間で、週に一度行われます（スケジュールは相談のうえ、決まります）。

私たちは毎週木曜日の19時から、無料レッスンを行っています。ぜひお立ち寄りのうえ、その違いを感じてみてください！

電話：0120-XXX-XXX（無料レッスンに関するご予約やお問い合わせには、事前予約が必要です）

Q10　解答：C

第3段落の1文目に「数週間のトレーニングで、私の声は前よりずっとよくなりました」とある。よって、Cが正解。

【設問文の訳文】

ジャパンヴォーカルの生徒はどういうことに満足しているか？

A　数回歌を聴くだけである。

B　発表会に参加できる。

C　トレーニング後、よりよい声を出すことができるようになる。

D　コースが無料である。

E　レッスン時間が短い。

Q11　解答：C

第3段落で、大きな声を出して歌うことについて、「ストレスのないリラックスした心身は、あなたを若々しく健康的で美しくしてくれます」と述べている。よって、Cが正解。

【設問文の訳文】

本文によると、次のどれが正しいか？

A　よい歌手は人を幸せにする。

B　彼らが行うヴォーカルトレーニングにはユニークな特徴がある。

C　歌うことは健康によい。

D　生徒の声は美しく聞こえる。

E　発表会を楽しみにしているファンがいる。

Q12 解答：D

Dのみ本文での言及がない。よって、誤っているのでDが正解。
なお、Aについては第1段落でカラオケがうまくなりたい人の確認をしていることから正しいとわかる。Bは第3段落で言及されている。Cについては第4段落で「基本レッスンは通常1時間で、週に一度行われます」とあり、1ヵ月で4〜5時間のレッスンとなるため、正しい。Eは最終文で言及されている。

【設問文の訳文】

本文によると、次のどれが誤っているか？

A　レッスンはうまく歌いたい人をターゲットにしている。
B　歌うことは人をリラックスさせる。
C　生徒はたいてい毎月4、5時間レッスンを受ける。
D　生徒は自分たちで楽しいイベントを企画する。
E　無料レッスンは予約する必要がある。

【問題5】

【本文意訳】

日本では、多くの人が、水の供給にお金を支払わなければならないにもかかわらず、いつでも水が手に入ることを当たり前のこととして捉えている。しかし、水資源は地球上のある地域では次第に乏しくなってきており、今では10億人以上の人々が、きれいな水を飲むことが制限されているか、もしくは飲めなくなっている。さらに言うと、世界では汚染水のために8秒に一人の子供が亡くなっている。石油やその他の貴重な天然資源をめぐって戦争が勃発したように、人々がほかでもない水資源をめぐって争う日もそう遠くはなさそうである。そのため、水は「ブルーゴールド」と呼ばれることがあるのだ。2002年、水問題への理解を深め、解決するために、最低限の衛生的な水道設備が利用できない人の数を、2015年までに半分に減らすことを目指す取り組みが世界で合意された。

Q13 解答：D

最終文に「最低限の衛生的な水道設備が利用できない人の数を、2015年までに半分に減らすことが世界で合意された」とあり、Dが正解。

【設問文の訳文】

2015年までに何を達成することが期待されているか？

A　解決していない大多数の水問題がなくなること
B　みんなが水問題への理解を深めること
C　必要に応じて、衛生的な設備の利用を制限すること

D　最低限の衛生的な水道設備が利用できない人の数を減らすこと
E　水がもはや「ブルーゴールド」と呼ばれなくなること

Q14　解答：C

3文目に「世界では汚染水のために8秒に一人の子供が亡くなっている」とある。よって、Cが正解。

【設問文の訳文】

本文によると、次のどの文章が正しいか？
A　日本では、水が世界の他の国に比べて高すぎる。
B　世界の10億人以上の人々がきれいな水をめぐって争っている。
C　汚い水が、毎日世界中の多くの子供たちの命を奪っている。
D　多くの国が、水問題を解決することに対して協力的ではない。
E　汚染水によって亡くなる子供たちの数は、2015年までに半数になるだろう。

Q15　解答：B

Bについては、本文では言及されていないので誤っている。よって、Bが正解。なお、Aは2文目、Cは4～5文目で言及されている。Dは1文目から正しいと判断できる。Eは2文目以降の内容から正しいと判断できる。

【設問文の訳文】

本文によると、次のどの文章が誤っているか？
A　水は、世界のある地域では限られている。
B　衛生的な設備の不足は、汚染水よりもっと重大な問題である。
C　水をめぐって遅かれ早かれ人々が争うことになるかもしれないため、水はしばしば「ブルーゴールド」と呼ばれている。
D　日本の人々は、水の供給問題に関してあまり真剣ではない。
E　水の供給問題は、ますます重要になってきている。

【問題6】

【本文意訳】

研究者によると、全地球測位システム（GPS）を利用した新しいGPS津波計測システムは、現在のシステムよりほんのわずかなコストで、より正確に津波を発見することができる。

従来の検出器では、地上観測所と海底ケーブルでつなぐ必要があるため、1器の検出器に対して約10億円かかる。この検出器のもう1つの欠点は、信頼性に欠けるということだ。気温の変化によって、簡単に測定誤差が出てしまう。このような欠点のため、国は検出器を10器しか設置しておらず、津波の予測にほとんど役に立っていない。現在、科学者たちは、地震の強度測定に焦点を当てることによって津波の予測を行おうとする傾向にある。

研究者いわく、GPSシステムの第一の魅力は、浮遊検出器には費用があまりかからないことだという。衛星検出器は、お金のかかる海底ケーブルシステムを必要としない。ブイに固定されて海上に浮いていて、衛星からの情報をトランシーバーで受信して観測所にそのデータを送信する。検出器を1器導入するのにかかる費用は、1億円を上回ることはないだろうと当局者は期待している。費用があまりかからないことから、全国的な検出ネットワークを開発することができて、沿岸地域の津波による被害が軽減されることを彼らは願っている。検出器は沿岸より20kmから30km離れたところに固定され、津波の初期兆候を記録し、沿岸に波が到達する約10分前に警告を発する。

Q16　解答：C

第1段落と第3段落で「衛星津波検出器」「衛星検出器」を用いることが言及されている。よって、Cが正解。

【設問文の訳文】

新しい津波検出器はどのように作動するか？

A　正確に津波を発見することができる。

B　海底の水圧変化を測定する。

C　海の変化を測定するために、衛星検出システムを利用する。

D　沿岸水域において、多数の検出器の導入を可能にする。

E　海底ケーブルで地上観測所につながっている。

Q17　解答：D

従来の検出器については第2段落の1文目で「1器の検出器に対して約10億円かかる」とあり、新しい検出器については第3段落の4文目で「検出器を1器導入するのにかかる費用は、1億円を上回ることはないだろうと当局者は期待している」とある。よって、新しい検出器のコストは旧検出器の約10分の1なので、Dが正解。

【設問文の訳文】

新しい検出器がより効果的だと期待されているのはなぜか？

A　地震の影響を確実に測定する。

B　現代の衛星技術をふんだんに利用している。

C　沿岸から35kmの場所に固定できる。

D　旧検出器の10分の1しかコストがかからない。

E　バッテリーが長持ちする。

Q18　解答：E

最終文に「検出器は沿岸より20kmから30km離れたところに固定され、津波の初期兆候を記録し、沿岸に波が到達する約10分前に警告を発する」とある。よって、Eが正解。

【設問文の訳文】

本文によると、次のどの文章が正しいか？

A　新しい津波検出器は低コストだが、正確ではない。

B　現行の検出器は、地上観測所と海底ケーブルでつないでいるので信頼性がある。

C　科学者は、地震の強度測定よりも現行の検出器のほうを選んでいる。

D　現在、衛星検出器は津波を正確に発見するために世界中に広がっている。

E　浮遊検出器は、津波の兆候を記録して沿岸に津波が到達する前に警告を発する。

【問題7】

【本文意訳】

2010年のベルビューカレッジの学位授与式が6月19日に市民ホールで行われます。式の開始は19時からです。主な講演者は、社会変革分析の本の筆者として著名なアリス・ロビンソン博士です。オーケストラの伴奏付きの学校合唱団による催しもあります。

卒業生は、5月18日に式服のサイズ合わせをしなければなりません。リハーサルは6月8日に学校の体育館にて実施します。卒業生はそれぞれ4人までゲストを招待できます。それ以上招待したい人は、校長室まで連絡してください。

Q19　解答：C

第1段落の1文目に「2010年のベルビューカレッジの学位授与式が6月19日に市民ホールで行われます」とある。よって、Cが正解。

【設問文の訳文】

学位授与式はいつ行われるか？

A　6月8日

B　5月18日

C　6月19日

D　学校合唱団のあと

E　学位授与式前の午後７時

Q20　解答：D

第２段落の２文目に「リハーサルは６月８日に学校の体育館にて実施します」とある。よって、Dが正解。

【設問文の訳文】

６月８日には何があるか？

A　博士が自分の研究について話す

B　学校合唱団が歌う

C　学校オーケストラが演奏する

D　学位授与式のリハーサルがある

E　追加の招待客が来る

Q21　解答：D

第２段落の３～４文目に「卒業生はそれぞれ４人までゲストを招待できます。それ以上招待したい人は、校長室まで連絡してください」とある。よって、Dが正解。

【設問文の訳文】

もし４人以上のゲストを招待したい場合、どうすればいいか？

A　学校にゲストをつれてくる

B　勉強後学校を卒業する

C　社会変革を分析する

D　校長室へ連絡する

E　催しの準備をする

【問題8】

【本文意訳】

トミーランダースの仲間になりませんか！　首都圏にあるトミーランダース・レストランの全店では、すぐに勤務可能な調理師とウェイターを募集しています。経験不問。研修あり。高給待遇で、フレックス制もありますから、仕事と学業が両立できます。夜間勤務には時間外手当がつきます。正社員には社会保険も適用されます。幹部昇進も可能です。面接希望者は635－1983までお電話ください。「トミーランダースで働いています」と友人や知人に誇りをもって言える500人の従業員のうちの一人になりましょう。トミーランダースは、雇用機会均等を実践しています。

Q22 解答：D

２文目に「首都圏にあるトミーランダース・レストランの全店では、すぐに勤務可能な調理師とウェイターを募集しています」とある。よって、Dが正解。

【設問文の訳文】

この会社は何をしているか？

A　ホテル

B　学校

C　銀行

D　レストラン

E　本屋

Q23 解答：E

後ろから２文目に「500人の従業員のうちの一人になりましょう」とある。よって、Eが正解。

【設問文の訳文】

この会社には従業員が何人いるか？

A　10人

B　50人

C　100人

D　400人

E　500人

Q24 解答：D

フレックス制については５文目、時間外手当については６文目、経験不問については３文目、保険については７文目にあるが、賞与については本文では述べられていない。よって、Dが正解。

【設問文の訳文】

この会社の雇用について、誤って書かれていることは何か？

A　フレックス制

B　時間外手当

C　経験不問

D　賞与

E　保険

【問題9】

【本文意訳】

私は求人ウェブサイト www.jobseach.com を見て申込みしております。このメールに履歴書を添付して送付いたします。ここには学歴と職歴が記載してあります。私がこの職に十分にふさわしいことがわかっていただけると思います。キング大学にて国際ビジネスとマーケティングを専攻し、学位を受けました。大手ビデオゲーム会社のマーケティング部門に勤務中、地元のコミュニティカレッジでウェブサイトデザインとプログラミングを受講しました。プログラミングとウェブサイトデザインの両方で、Eduserve 2級試験に合格し、スキルに関して正式な認定を受けております。

現在、大手デパートでマーケティングコンサルタントの臨時社員として働いています。Happy Publicity社で正社員として採用されれば、すぐに辞めるつもりです。

私の連絡先は添付資料をご覧ください。

敬具

スティーブ・ジョーンズ

Q25 解答：A

第1段落の6文目に「大手ビデオゲーム会社のマーケティング部門に勤務中」とある。よって、Aが正解。

【設問文の訳文】

スティーブ・ジョーンズ氏は以前どこで働いていたか？

A ゲーム制作会社

B コミュニティカレッジ

C インテリアデザイン会社

D 宣伝事務所

E デパート

Q26 解答：C

第1段落の2文目に「このメールに履歴書を添付して送付いたします」とある。よって、Cが正解。

【設問文の訳文】

スティーブ・ジョーンズ氏はEメールに何を添付して送ったか？

A 生活予定表

B デパートの地図

C　履歴書
D　検定証のコピー
E　２つの試験の結果

Q27　解答：D
第２段落の２文目に「Happy Publicity社で正社員として採用されれば、すぐに辞めるつもりです」とある。よって、Dが正解。

【設問文の訳文】
スティーブ・ジョーンズ氏はこの先何をすると言っているか？
A　作業見本を与える
B　プログラミングクラスを受講する
C　アジアへ旅行する
D　現在の仕事を辞める
E　履歴書をメールで送る

第9章

性格テスト

性格テストの概要

性格テストは、企業の求める人物像に対して、受検者がどれくらい適した資質を持っているかを判断するためのテストです。

企業によっては、言語や計数といった能力検査を実施せず、性格テストのみを実施するケースも少なくありません。また、選考の初期段階に性格テストのみを実施する企業もあります。

多くの企業が性格テストの結果を重視しているのは、人材育成や人事評価において近年主流となっている「コンピテンシー」という概念が背景にあります。

コンピテンシーは「高業績者に共通する行動特性・成果に直結する能力」を意味し、社内の高い業績を出す社員たちの行動を分析して、共通する行動などをモデル化したものです。このコンピステンシーに基づいて、企業は採用したい人物像を設定しています。

性格テストでは、受検者の人物像や資質を分析・予測することができるので、企業の求める人物像に近いという結果が出れば、その企業において高い業績を出す可能性を秘めているといえるわけです。

それだけに性格テストの結果は重要ですが、企業によって求められている人物像がそれぞれ異なる点に注意が必要です。

たとえば、営業職に向いている学生を多く採用したい企業の場合、一般的には協調性、交渉力、達成、柔軟性、活力などが求められます。しかし、一方で体力があるかどうかを重視するという企業もあれば、マニュアルにきっちりと従える社員がいいとする企業もあります。

ですから性格テストの通過確率を上げるには、まず就職四季報や志望企業のホームページなどを見ておき、志望する企業が今年はどんな人材を求めているか、採用基準や志望職種への適性を研究することです。つまり、自分と志望企業の相性がいい部分をはっきりさせることが大切です。

たとえば、募集要項などで、求める人物像が「明るく行動的で向上心の高い人」などと書かれていたとしたら、性格テストの「休日は外に出て街を歩く（YES)(NO)」という質問には、YESを選んだほうがよいのです。

志望企業が求める人物像に回答を近づけるという意識で取り組んでいけば、性格テストで落とされる可能性は低くなります。

玉手箱の性格テストとは？

玉手箱の性格テストは、性格（パーソナリティ）診断と、意欲（モチベーションリソース）診断の２種類があります。

315ページと318ページの尺度（測定基準）に基づいて質問文が作成されており、それぞれに、出題形式の異なる本格版と簡易版があります。

性格（パーソナリティ）と、意欲（モチベーションリソース）の組み合わせで実施される場合もあれば、性格（パーソナリティ）のみ実施される場合もあります。

種類		設問数	回答時間
性格（パーソナリティ）	本格版	68問	約20分
	簡易版	30問	なし
意欲（モチベーションリソース）	本格版	36問	約15分
	簡易版	36問（48問もあり）	なし

※回答時間については目安です。性格テストでは強制的に終了はされません。

性格（パーソナリティ）

玉手箱の性格（パーソナリティ）テストは、30の尺度に基づく質問文から「自分の性格に近いものと遠いもの」を回答するテストです。

①本格版の問題形式

１問ごとに４つの質問文があり、全部で68問あります。４つの質問文のなかから、自分に最もあてはまるもの（YES）と、自分に最もあてはまらないもの（NO）を１つずつ選びます。YESと回答すればその尺度が高くなり、NOと回答すればその尺度が低くなります。

たとえば、次のような質問文が出た場合に、

設問番号		YES	NO	質問項目
1	A	○	○	負けず嫌いなたちである
	B	○	○	人の話を聞くことが好きだ
	C	○	○	手先を使う仕事が好きだ
	D	○	○	人にどう思われるか気にならない

「最もあてはまるもの」が“人の話を聞くことが好きだ”の場合は、YESのBを選び、「最もあてはまらないもの」が“人にどう思われるか気にならない”の場合は、NOのDを選びます。

４つの質問文のなかに必要な尺度が複数入っているのであれば、どれを選んでもかまいません。

②簡易版の問題形式

30対の相反する内容の質問が示され、自分の性格はどちらが近いかを10段階から選びます。どちらも肯定的な質問文が用意されているため、「どちらかというとA」「どちらかというとB」を選びがちですが、最も自分らしいと思う質問文は「非常にAに近い」を選ぶべきです。

	A	非常にAに近い	←	Aに近い	←	どちらかというとA	どちらかというとB	→	Bに近い	→	非常にBに近い	B
1	自分のやり方にこだわる	○	○	○	○	○	○	○	○	○	○	人の意見を尊重する
2	自分を売り込むのが好き	○	○	○	○	○	○	○	○	○	○	人に押しつけることはしない
3	人にどう思われるかを気にしない	○	○	○	○	○	○	○	○	○	○	人の意見によく耳を傾ける
4	抽象的な思考を好む	○	○	○	○	○	○	○	○	○	○	表やグラフを作るのが好き
5	人前に出るのが苦にならない	○	○	○	○	○	○	○	○	○	○	手先を使う細かい作業が好き
6	人の問題には立ち入らない	○	○	○	○	○	○	○	○	○	○	人の世話をすることが多い
7	自分で考えて決める	○	○	○	○	○	○	○	○	○	○	まわりに相談しながら決める
8	人とは違うアイデアを出せる	○	○	○	○	○	○	○	○	○	○	古い価値観を大切にする
9	友達と一緒にいることが楽しい	○	○	○	○	○	○	○	○	○	○	一人で行動することを好む
10	人に注目されるのが好き	○	○	○	○	○	○	○	○	○	○	自慢話をしない

性格(パーソナリティ)の尺度

企業の採用基準や職種への適性に応じて、どの尺度が高いほうがいいのか、どの尺度が低いほうがいいのかは異なるため、志望する企業を研究し、その企業で求められる人物像を予測することが重要です。

尺度	定義	質問例
説得力	人を説得することを好む性格	・交渉事が苦にならない ・ものを売るのが好きだ ・人を説得するのが得意だ
指導力	人を指導することを好む性格	・チームのまとめ役であることが多い ・人をうまく動かすことができる ・人に指示を与えるのが得意だ
オリジナリティ	自分で考え行動することを好む性格	・物事を自分のやり方で進めたい ・こだわりが強いほうだ ・まわりの意見に左右されない
外向的	外向的で、社交的なことを好む性格	・人を楽しませるのが好きだ ・初対面の人とでも気軽に話ができる ・冗談を言うのが好きだ
友好性	大勢の人といることを好む性格	・何でも話せる友達がいる ・誰とでも仲良くなれる ・仲間と一緒にいるのが好きだ
社会性	人前でも気後れしない性格	・公式な場で挨拶を頼まれても苦にならない ・人前の説明が得意だ ・たくさんの人の前でも気楽にスピーチできる
謙虚さ	人に対して謙虚に振る舞う性格	・自慢話をしない ・控えめなほうだ ・人に先を越されても気にならない
協調性	人の意見を聞きながら物事を進める性格	・他人の意見によく耳を傾ける ・話し合いで決めることを好む ・友人に相談して計画を立てる
面倒見の良さ	思いやりがあり、人の面倒を見ることを好む性格	・気配りが得意だ ・相談に親身になって対応する ・後輩の世話をすることがある
作業の志向	モノを直したり、作ったりすることを好む性格	・パソコンなどを好んで使う ・壊れたものを直すのが得意だ ・手先を使う作業が好きだ
数値への関心	データに沿って考えることを好む性格	・データを分析するのが得意だ ・数字に強いほうだ ・図や表を扱うのが好き

美的価値への関心	美的なものを好む性格	・抽象的な思考を好む ・美的センスに自信がある ・絵画や音楽への関心が強い
人間への関心	人の行動の動機や背景を分析することを好む性格	・自分の行動を冷静に分析できる ・人の話を聞くことが好きだ ・人の行動の動機を考えるほうだ
オーソドックス	既にある価値観を大切にする性格	・やり慣れた方法で物事を行うことを好む ・確立されているやり方に従う ・保守的な価値観を大切にするほうだ
変化への対応力	変化を求め、変化を受け入れることを好む性格	・同じことをするのが好きではない ・新しいことにチャレンジするのが好きだ ・変化がある状況を楽しめる
論理的	知識欲があり、論理的に考えることができる性格	・問題を論理的に考えて解決する ・筋道を立てて話をすることが得意だ ・知的好奇心が強い
創造性	新しい工夫を加えることを好む性格	・独創性があるとよく言われる ・創意工夫をするのが好きだ ・人とは違うアイデアをよく思いつく
計画性	物事を計画的に行うことを好む性格	・事前の準備をするのが好きだ ・計画を立てて行動するのが得意だ ・何が起こるか常に先を読みながら動く
緻密さ	正確に順序立てて行うことを好む性格	・几帳面である ・細かいところにも注意を払う ・緻密な作業が得意だ
時間感覚	時間に正確なことを好む性格	・締め切りは必ず守る ・約束事を守るほうだ ・時間を厳守する
リラックス	常にストレスに負けない性格	・気持ちの切り替えができる ・常に気持ちに余裕がある ・慌てないで考えたり行動したりできる
心配性	物事がうまくいかないと心配になる性格	・物事をうまくいくかどうかが心配になる ・注意深いほうだ ・大きな出来事の前は緊張する
精神的強さ	人が自分をどう考えようが気にしない性格	・人の批判に動じない ・失敗しても落ち込まない ・自分がどう見られているか気にならない
感情の起伏	感情を表に出さない性格	・感情を顔に出さないほうだ ・腹立たしいことを抑えられる ・感情に流されないほうだ
楽観的	物事を楽観的にとらえる性格	・問題が起きても悲観的にならない ・苦しい時でもよく寝ることができる ・物事を楽観的に進めるほうだ

批判性	物事の欠点や 話の矛盾に 気がつく性格	・議論の矛盾点によく気づく ・不備や見落としにすぐ気がつく ・相手の話の矛盾が気になる
行動力	体を動かすことを 好む性格	・じっとしていられないほうだ ・休みの日には活動的に過ごす ・体を鍛えることが好きだ
競争心	競争を楽しみ、 負けず嫌いな性格	・人と競争するのが楽しい ・勝負にはこだわるほうだ ・何事も人と比べてしまう
仕事への志向	昇進することを 重視し、 努力する性格	・高い目標を設定するほうだ ・困難な目標でもあきらめない ・人より上昇志向が強いほうだ
決断力	素早く結論を 出すことを 好む性格	・意思決定をするのが早い ・状況把握を素早くできる ・すぐに答えを出せるほうだ

意欲（モチベーションリソース）

玉手箱の意欲（モチベーションリソース）テストは、18の尺度に基づく質問文から、「どのような仕事環境において意欲を発揮するのか」を回答するテストです。

①本格版の問題形式

本格版の問題は全部で36問あります。１つの設問に対して４つの質問文が用意されています。そのなかから自分が重視するものを１つ選びYESに、最も重視しないものも１つ選びNOにチェックします。

たとえば、次のような質問分が出た場合に、

設問番号		YES	NO	質問項目
1	A	○	○	競争が人を成長させる
	B	○	○	高い目標が与えられる
	C	○	○	同時に多くの仕事をする
	D	○	○	失敗の責任が厳しく問われる

志望する企業で求められる働き方を研究し、関係していそうな尺度が高くなる質問文にはYESを選び、それと反する質問文をNOにすることが重要になります。

②簡易版の問題形式

全部で36問（18問×２）あるタイプと、48問（24問×２）あるタイプがあります。

相反する内容の質問が左右に並んでいるのが特徴です。

質問文のなかから「最もやる気が出る仕事環境(A)」と「最もやる気が出ない仕事環境(B)」を3つまたは3つ以上選んでいきます。

A	B		A	B	
◯	◯	スピードが求められる	◯	◯	落ち着いて仕事に取り組める
◯	◯	数値による目標が与えられる	◯	◯	はっきりした目標がない
◯	◯	競争が激しい部署で働く	◯	◯	自分のペースで仕事ができる
◯	◯	自分のやり方で仕事ができる	◯	◯	上司の指示に従って仕事をする
◯	◯	利益を出すことを強く求められる	◯	◯	利益を意識する必要がない
◯	◯	成績が収入に反映される	◯	◯	成績は収入に影響しない
◯	◯	チームワークが重要な仕事が多い	◯	◯	一人で行う仕事が多い
◯	◯	毎日の変化が激しい仕事をする	◯	◯	定型的な仕事をする
◯	◯	柔軟性を必要とされる	◯	◯	仕事のやり方が決まっている

意欲(モチベーションリソース)の尺度

18の尺度があり、活力、競争、権限、利潤、帰属、自主性などに分けられます。尺度それぞれに、YESを答えると尺度が高くなる質問文と、YESを答えると尺度が低くなる質問文があります。

尺度	定義	YESを答えると尺度が高くなる質問	YESを答えると尺度が低くなる質問
活力	複数の仕事をこなす環境だと意欲が出る	スピードが求められる	落ち着いて仕事に取り組める
達成	高い目標を与えられる環境だと意欲が出る	数値による目標が与えられる	はっきりした目標がない
競争	社員間の競争がある環境だと意欲が出る	競争が激しい部署で働く	自分のペースで仕事ができる
失敗	失敗の責任を厳しく問われる環境だと意欲が出る	失敗が許されない	失敗しても責任が問われない
権限	権限を与えられる環境だと意欲が出る	人を管理する仕事である	責任も権限もない仕事である
没頭	長時間、仕事に没頭する環境だと意欲が出る	時間を忘れて仕事をする	プライベートの時間を多く取れる

利潤	直接利益を生み出す業務に携わる環境だと意欲が出る	利益を出すことを強く求められる	利益を意識する必要がない
報酬	報酬が多い環境だと意欲が出る	成績が収入に反映される	成績は収入に影響しない
昇進	昇進が実力主義に基づいて決まる環境だと意欲が出る	実力次第で昇進のチャンスがある	昇進は年功序列である
地位	地位による待遇差が大きい環境だと意欲が出る	地位の重要性が認められる	上下関係が少ない
帰属	チームワークが求められる環境だと意欲が出る	チームワークが重要な仕事が多い	一人で行う仕事が多い
認知	業績が社内に認知される環境だと意欲が出る	成果がきちんと評価される	評価が公表されない
倫理	社会的な倫理を重んじる環境だと意欲が出る	社会的に貢献している仕事である	規律よりも利益を重視する
安定・快適	会社が安定していて、快適な環境だと意欲が出る	福利厚生が整備されている	冒険的な仕事をする
成長	新しい技術や知識の習得ができる環境だと意欲が出る	新しい教育が受けられる	技術や資格の勉強は任意である
興味	ルーチンワークが少なく、変化に富んだ環境だと意欲が出る	毎日の変化が激しい仕事をする	定型的な仕事をする
柔軟性	仕事の進め方が固定化されていない環境だと意欲が出る	柔軟性を必要とされる	仕事のやり方が決まっている
自主的	自分の裁量の幅が大きい環境だと意欲が出る	自分のやり方で仕事ができる	上司の指示に従って仕事をする

柳本新二(やなぎもと・しんじ)

教育企画Business Career Gate代表。就活ゼミ『納得内定ゼミ』主宰。慶應義塾大学大学院卒業。京都大学私学経営アカデミー修了。学習塾経営、厚生労働省社会人再雇用講師、大学教授、経済産業省アジア人財資金構想留学生就職支援講師等、多様な形式で大学生就職支援講師を行う。毎年全国50校を超える大学で講義し、10万人以上の受講生を持つ。2022年より東京大学留学生就職支援特別講師。『新傾向！SPI完全版』(高橋書店)『ドリル式SPI問題集』(永岡書店)『柳本の超SPI問題集』(KADOKAWA)など、就活関連本執筆多数。売り上げNO.1の実績を持つ。

1日《にち》10分《ぷん》、「玉手箱《たまてばこ》」完全突破《かんぜんとっぱ》！

Webテスト 最強問題集《さいきょうもんだいしゅう》

著　者――――――柳本新二《やなぎもとしんじ》
発行者――――――佐藤　靖
発行所――――――大和《だいわ》書房
東京都文京区関口1-33-4　〒112-0014
電話　03(3203)4511

編集協力――――――有限会社ヴュー企画
装　丁――――――石間　淳
本文デザイン――――石田嘉弘
本文印刷――――――歩プロセス
カバー印刷―――――歩プロセス
製本所――――――ナショナル製本

ISBN978-4-479-79799-9

http://www.daiwashobo.co.jp
X-2001-01